Rolf Kallenbach   BAK   Denkmäler unserer Träume

Rolf Kallenbach

# BAK

## Denkmäler unserer Träume

Limes Verlag

Englische Textfassung: Carol-Ann Farmer, Sheila Ickerott
Französische Textfassung: Nicole Bornhauser

100 Vorzugsexemplaren liegt eine numerierte
und signierte Originalradierung bei.


Satz und Druck: Jos. C. Huber KG, Dießen
Einband: Hans Klotz, Augsburg
Umschlag: Klaus Neumann unter Verwendung eines Bildes
von Bak
Printed in Germany
ISBN - 3-8090-2123-7

# Denkmäler unserer Träume

Begegnungen mit dem Maler Samuel Bak
in Skizzen, Briefen, Aufzeichnungen

1933
am 12. August in Wilna in Polen geboren.

1937
Im Verlauf einer mächtigen Welle von Antisemitismus nehmen ihn seine Eltern aus dem polnischen Kindergarten; er kommt in einen jüdischen Kindergarten, wo er Jiddisch lernt.

1938
Der jüdische Dichter, Maler und Musiker Arno Nadel in Berlin (der Onkel seiner Mutter) ermutigt ihn, sich ganz der Kunst zu widmen.

1939
Wilna wird von den Russen besetzt. Sein erster Schultag ist zugleich der letzte; die russische Indoktrinierung verschreckt ihn.

1940
Wilna wird von den Deutschen besetzt. Einweisung des Vaters in ein Arbeitslager; die Großeltern und anderen Verwandten werden im Wald von Ponary ermordet; Mutter und Sohn werden im Getto von Wilna eingesperrt; es gelingt ihnen zu fliehen und sich in einem Benediktinerinnen-Kloster zu verstecken.
Die Besetzung des Klosters durch die Deutschen zwingt sie zurück ins Getto.

1942
Erste Ausstellung von Zeichnungen im Getto von Wilna.

1943
Unmittelbar vor der Zerstörung des Wilnaer Gettos wird er zusammen mit seinen Eltern von der SS in das H.K.P.-Lager am Stadtrand von Wilna transportiert.

1944
Wenige Tage vor der Befreiung Wilnas durch die Russen wird sein Vater im Lager erschossen.

1945

Erste Kunststudien bei einem Wilnaer Akademieprofessor.
Ende des Zweiten Weltkriegs. Mutter und Sohn fliehen aus Wilna. Ihr Ziel heißt Palästina. Sie durchqueren Polen und Deutschland und schleichen sich über die Grenze der amerikanischen Besatzungszone. Einweisung ins D.P.-Lager Landsberg.

1946

Erste Versuche eines allgemeinen Schulunterrichts durch Laien-Lehrer; Unterrichtssprachen sind Polnisch, Jiddisch, Russisch, Deutsch und Hebräisch.

1946–1948

Er studiert Malerei in München bei Prof. Blocherer und entdeckt die Kunstschätze Bayerns.

1947

Seine Mutter heiratet Nathan Markowski, einen aus dem Konzentrationslager Dachau befreiten Häftling, dessen Frau und Kinder durch das Naziregime umgekommen waren.
Ben-Gurion besucht während einer Rundreise durch die jüdischen Flüchtlingslager die Ausstellung seiner Zeichnungen in Bad Reichenhall. Die ersten datierten Arbeiten werden im *Vorwerts*, New York, publiziert. Großer Eindruck durch die Begegnung mit der modernen Kunst in einer großen Münchner Ausstellung mit Leihgaben des Musée de l'Art Moderne, Paris.

1948

Er bricht, via Frankreich, zu einer illegalen Reise nach Palästina auf, wo er im neugegründeten Staat Israel während des Unabhängigkeitskrieges eintrifft.

1949

Läßt sich in Tel Aviv nieder.

1952

Aufnahme in die Bezalel Art School, Jerusalem.

1953–1956

Militärdienst in der israelischen Armee.

1956

Entwirft Bühnenbilder und Kostüme für die Habimah und Ohel Theatres, Tel Aviv. Erhält den ersten Preis für Kunst der Amerikanisch-israelischen Kulturstiftung; reist nach Paris, wo er in die Beaux Art aufgenommen wird und bei Prof. Jean Souverbie studiert.

1957

Studiert Bühnenmalerei in England und Frankreich mit einem Stipendium des International Theatre Institute.

1959

Heirat mit der Kunststudentin Annalisa Cantoni. Übersiedlung nach Rom.
Erste Einzelausstellung mit halbabstrakten Stadtlandschaften in der Galleria Schneider, Rom.

1960

Geburt des ersten Kindes – Daniella.

1961

Einladung zur Ausstellung an der Carnegie International in Pittsburgh. Zweite Einzelausstellung in der Galleria Schneider, Rom.

1962

Geburt der zweiten Tochter – Ilana.
Beteiligt sich an „Forms Today“ im Bezalel National Museum, Jerusalem.

1963

Einzelausstellung mit abstrakten Collagen in der Galleria Liguria, Rom. Reisen und längerer Aufenthalt in Israel. Einzelausstellungen im Museum of Modern Art, Tel Aviv und im Bezalel National, Jerusalem.

1964

Entwirft Bühnenbilder für führende israelische Theater sowie für die Volksbühne, Berlin. Zusammenarbeit mit Erwin Piscator.

1965

Einzelausstellungen in Rom, London und Brüssel; Teilnahme an verschiedenen internationalen Ausstellungen zeitgenössischer Kunst.
Ausbildung seines heutigen Stils.

1966

Ausstellung in der Galleria Schneider, Rom.
Wiederansiedlung in Israel. Einzelausstellung in der Gordon Gallery, Tel Aviv.

1967

Einzelausstellung in der Roma Gallery, Chikago; eine umfangreiche Gruppe seiner Bilder wird in der Ausstellung „Image and Imagination" in Tel Aviv gezeigt.

1968

Einzelausstellung in der Modern Art Gallery, Jaffa, bei der viele Bilder mit dem Thema „Metamorphosen der Birnen" gezeigt werden.

1969

Einzelausstellung in der Pucker/Safrai Gallery, Boston; eine Gruppe von Arbeiten wird im Fuller Memorial, Brockton Art Center, gezeigt.

1970

Übersiedlung in das neuerbaute Studio bei Tel Aviv.
Einzelausstellung im Bronfman Cultural Center, Montreal.

1971

Geburt der dritten Tochter – Michal.
Ausstellung in der Hadassah „K" Gallery, Tel Aviv, in der erstmals neue Versionen der Schachbilder gezeigt werden. Erster Besuch in den USA anläßlich einer Ausstellung bei Pucker/Safrai, Boston.
Tod der Mutter.

1972

Tod des Stiefvaters nach langer Krankheit.

1973

Einzelausstellung in der Hadassah „K" Gallery, Tel Aviv; erste Bilder mit metallgeflügelten Gestalten.
Studienaufenthalt in New York und Einrichtung eines Ateliers dort.

1974

Einzelausstellung bei Aberbach Fine Art, New York.
Die erste umfangreiche Monografie erscheint.

1975

Zweite Einzelausstellung bei Aberbach Fine Art, New York.
Ausstellung der wichtigsten Bilder im Jüdischen Museum, New York.
Arbeit an dem Film „Herbst der Welt – Samuel Bak, ein Maler aus Israel" (Zweites Deutsches Fernsehen); Reportagen und Interviews in Kulturprogrammen verschiedener amerikanischer Fernsehgesellschaften.

1976

Retrospektive im Rose Museum, Boston.
„Bilder von Flucht und Zerstörung" (Bildbericht im Ersten Deutschen Fernsehen).
Einzelausstellung in der M. Berger Gallery, Pittsburgh.

1977

Einzelausstellung in der Galerie Ketterer, München.
Beginn einer zweijährigen Retrospektiven Wanderausstellung durch bedeutende deutsche Museen, unter anderen Germanisches Nationalmuseum, Nürnberg, Kunstmuseum Düsseldorf, Rheinisches Landesmuseum, Bonn, Kurpfälzisches Museum, Heidelberg.
Baks Bilder befinden sich im Besitz vieler bedeutender Museen und Privatsammlungen.
Die Bibliographie weist neben vielen Katalogen zahlreiche Publikationen in amerikanischen, israelischen und europäischen Kunstmagazinen, Zeitschriften und Zeitungen aus.
Samuel Bak lebt und arbeitet heute abwechselnd in Tel Aviv und New York.

*17. April 1972*

Jaffo, die Alstadt von Tel Aviv. Zeit der heißen Wüstenwinde. Von den nahen Gärten wehen vertrocknete Blätter uralter Olivenbäume auf den weiten, menschenleeren Platz. Die ausgetretenen Steine der alten Treppe glühen unter meinen Füßen. Erschöpft von der brennenden Sonne, den Schutz dicker, kühlender Mauern suchend, betrete ich das unentwirrbare Labyrinth schattiger Gassen. Ein Tourist? – nein mehr: ein immer wieder zurückkehrender Freund des neuen Israels. Für Kunst und Malerei interessiert, versäume ich es nie, die Galerie of Modern Art zu besuchen. Ein Schauer kriecht meinen verschwitzten Rücken hoch. Ein Bild zwingt mich in seinen Bann. *Galathea,* die in der Mythologie durch die Gnade der Götter aus einer Statue wieder zum Leben erweckt wird, verwandelt sich vor meinen Augen wieder zu Stein zurück. Ich glaube, ihr ersticktes Klagen zu hören. Erlösung oder Verdammung? Verlorene oder schon wiedergefundene Wirklichkeit? Der niedrige Raum scheint sich unter der Kraft des Bildes noch mehr zu ducken, die weißgekalkten Wände unter seinem Mysterium zusammenzurücken. Ein Maler mit neuem, zwingendem Ausdruck. Mit almeisterlicher, in der modernen Malerei nie gesehenen Akribie gemalt, kann er die Schule der italienischen Renaissancemaler nicht verleugnen. Der Zeitbezug ist beängstigend gegenwärtig, und ich kann ihn doch nicht erfassen. Ein Bild voller Rätsel, die ich nicht lösen kann. Es bleibt nur, ergriffen zu sein.

Die Galeriebesitzerin, eine alte Frau mit faltigem, leidgezeichnetem Gesicht und aschblond gefärbten Haaren, tritt auf mich zu, begrüßt mich mit stark russischem Akzent wie einen alten Freund. „Bak – ein großer Künstler!“ Sie sagt es mit Stolz, als ob sie von Israel spräche. „Samuel Bak!“, zärtlich fast setzt sie den Vornamen hinzu. Und dann – vorsichtig, mit einer Andeutung von Entschuldigung, „ich könnte Ihnen das Bild nicht verkaufen, Sie sind Deutscher – ein Freund sicher, aber“ –, ein bedauerndes Achselzucken, – „Bak verkauft nicht an Deutsche!“

Die Endgültigkeit, mit der es gesagt ist, läßt keine weiteren Fragen zu.

*Am Abend des gleichen Tages*

Ich liege in meinem Hotelzimmer. Zweifel kommen in mir auf. Bak verkauft nicht an Deutsche – ich will mich nicht damit abfinden. Die Bestimmtheit stört mich. Ich will mich selbst überzeugen. Bak – das Telefonbuch hilft mir nicht weiter. Der Portier kann mit dem Namen nichts anfangen. Freunde wollen zurückrufen, wenn sie etwas erreicht haben. Endlich! Zvi Spielmann, ein mir befreundeter Filmproduzent, besitzt Adresse und Telefonnummer.

Ich liege noch lange wach und suche nach meiner Schuld. Fragen drängen, übermächtig, aber die Antworten müssen klein und erbärmlich bleiben. Entmutigt falle ich in einen unruhigen und kurzatmigen Schlaf.

*18. April 1972*

Am nächsten Morgen. Träume voll dunkler und schwerer Sinne haben mich gequält. Aber mit dem neuen Tag wächst vorsichtig auch ein neuer Mut. „Du bleibst trotz allem ein Deutscher" – ich wehre mich gegen solche Kollektivschuld und wähle die Nummer. Ich habe Glück, er meldet sich selbst. Ich will mein Land nicht verleugnen und bitte in meiner Sprache, ihn in seinem Atelier besuchen zu dürfen. Eine tiefe, fast behutsame Stimme sucht in perfektem Englisch schon nach Entschuldigungen. Eine Ausstellung, für die er malen muß und die ihm zu nichts Zeit läßt. Ein höflich reserviertes Bedauern, „Schalom, vielleicht bei Ihrem nächsten Besuch in Israel". Noch ein Atem lang verhaltenes Schweigen, dann erst legt er ängstlich fast den Hörer auf. Es ist mein letzter Abend in Israel. Morgen in aller Frühe fliege ich nach Deutschland zurück. Zum ersten Mal wird es ein Abschied voller Zweifel werden. Zweifel, ob sich hinter all den tausend Gesten der Versöhnung und der Verständigung, die ich in diesem Land erlebt habe, nicht doch eine andere Wirklichkeit verbirgt. Trugschlüsse? Wunschdenken? Bedrückt und unsicher geworden, werde ich die Swiss-Air-Boeing besteigen. Werde ich jemals zurückkommen?

Zwei Jahre später. Wieder ist es mein letzter Tag in Israel. „Bak verkauft nicht an Deutsche" – ich habe es nicht vergessen. Auch wenn lange Zeit vergangen ist seit meinem letzten Besuch, der Tag damals ist ganz gegenwärtig – Galathea, die Kraft und Faszination eines ungewöhnlichen Bildes, aber auch die Erinnerung an die demütigende Abweisung seines Schöpfers. Seit Tagen greife ich immer wieder zum Hörer, und dann fehlt mir doch der Mut, seine Nummer zu wählen. Vielleicht bei einem nächsten Besuch. Und dann: plötzlich weiß ich, ich darf nicht länger zögern, muß mich erneut der Vergangenheit stellen, jetzt und heute die Antwort finden. Entschlossen wähle ich die Nummer. Zuerst die erwartete Verärgerung, Suchen nach neuen Entschuldigungen. Aber dann, als ich mich nicht zufriedengebe, besinnt er sich. Nicht mehr so bestimmt, mit einer Spur von Unsicherheit: „Ich erinnere mich an Ihren Anruf. Es muß zwei Jahre her sein." Und nach einer endlos scheinenden Pause: „Wenn Sie wollen, kommen Sie heute abend. Vielleicht ist es ein guter Tag dafür!" Als ich erlöst aufgelegt habe, frage ich mich, für was ein guter Tag?

*Am Abend des gleichen Tages*

Im Taxi, auf der Fahrt nach Savyon. Beklemmung vor der ersehnten Begegnung, aber auch Erregung, was mich erwartet. Ein halbwüchsiges Mädchen öffnet, führt mich in eine geräumige Wohnhalle. Meine Augen müssen sich an das Halbdunkel gewöhnen. An den Wänden eine Reihe bestürzender Bilder, unverkennbar von der Hand des Malers. Auf dem Sims über dem Kamin brennende Kerzen. Der Wind, der über die geöffnete Terrassentür hereinweht, läßt ihre Dochte flackern. Ich weiß nichts damit anzufangen, aber Ahnungen steigen in mir hoch, drücken schwer auf meine Brust, lassen mir kaum noch Luft zum Atmen – und sind schon zur Gewißheit geworden. Die Kerzen dienen nicht als Dekoration, wollen nicht stimmungsvolles Licht verbreiten. Einen Augenblick lang glaube ich sie vor vergilbten und undeutlichen Fotografien brennen zu sehen. Kinder, Greise, Männer und Frauen in den besten Jahren, aus der Erinnerung nachgemalt, scheinen in den Raum zu drängen. „Vielleicht ist es ein guter Tag dafür!“ Gott! Was ist das für ein Tag? Ich habe keine Zeit, weiter nachzudenken. Bak steht in der Tür. Ein kleiner schmächtiger Mann in verwaschenen Jeans. Die langen feingliedrigen Finger wie zum Gebet vor sich gefaltet. Das Gesicht in einen schwarzen Bart gehüllt, von prophetenhaftem Ernst. Der Mund mit weichen, schmerzlichen Linien hineingeschnitten. Hinter der randlosen Brille Augen voll Demut und Traurigkeit. Ein Gesicht wie die leidvolle Geschichte der Juden selbst. Und doch ist es nicht der Vorwurf für zweitausend Jahre Verfolgung und Erniedrigung, dem ich entgegenblicke. Zurückhaltung, keine Ablehnung, nicht einmal Mißtrauen. Ein leichtes Beugen des Kopfes, fast schüchtern. Die Hände bleiben verschränkt. Das Atelier eindrucksvoll in seiner nüchternen Raumgestaltung. Auf der Staffelei *Die Familie,* ein monumentales Bild von grausamer Wirklichkeit, von dem ich heute weiß, daß es zum Wichtigsten gehört, was Bak bisher geschaffen hat. Eine Sammlung von Gesichtern und Figuren, wie in einem großen Gruppenportrait. Enigmatische Gesichter. Erinnerungen haben des Malers Hand geführt, den hoffnungslosen Kampf aufgedeckt, die Bilder aller jener, die nicht mehr sind, wieder um sich zu versammeln. Einige von ihnen sind zurückgekommen als flache, zweidimensionale Gesichter. Andere als unvollständige Denkmäler, die uns nur noch Teile ihres bekannten Wesens zeigen. In einem späteren Gespräch an anderem Ort erfahre ich, daß die Gruppe vom Gesicht des Urgroßvaters beherrscht wird, der ein außergewöhnlicher Mensch mit einer genialen Begabung für technische Erfindungen war. Neben ihm Baks Großvater, der im Russisch-Japanischen Krieg verwundet wurde, und all die anderen Mitglieder der Familien – in den Kriegen umgekommen, in den Konzentrationslagern erschossen und vergast. Sie lebten in ihrem Vorkriegsparadies und standen dem Schicksal, das sie erwartete, sichtlos gegenüber. Quälende Träume in verschiedenen Graden von Lebendigkeit. Ein Menschenalter später hat Baks Erinnerung die Gesichter der verlorenen Familie zurückgeholt, aber er kann sie nur undeutlich und bruchstückhaft erfassen. In einem Niemandsland zwischen Leben und Tod mahnen sie zur ewigen Wachsamkeit.

Bak schweigt noch immer, läßt mich alleine mit meinen Gedanken, hilft mir nicht in meiner Bedrängnis. Wohin mit meiner Schuld? Das Bild spricht sie mir wie ein Gottesgericht zu, zu schwer, um sie alleine zu tragen. „Die Stilleben werden Ihnen helfen.“ Endlich ein versöhnendes Wort, das mich aus meiner Not erlöst. Sein Englisch hat den warmen östlichen Akzent des Jiddischen. „Es sind alles Bilder für meine New Yorker Ausstellung im Herbst.“ Er führt mich von einem Bild zum anderen. Stilleben von beklemmender Schönheit. Das Leben in ihnen voller Unruhe, voller Dinge, die nicht sind, was sie scheinen. Dinge, die auseinanderfallen, wenn sie stützen wollen. In Rüstungen gefangen. Früchte, an denen man sich die Zähne ausbeißt. Stoffe, schwer wie Steine. Mit Nieten zusammengeschweißt, mit Streben zusammengehalten, haftet ihnen doch immer das Gefühl der Zeitlosigkeit an. Ergriffen kommt es mir von den

Lippen: „Es mußte viel geschehen in der Welt, um uns so weit von den Stilleben Cezannes und Matisses zu entfernen." Ein erstes undeutliches Lächeln, das in einem kaum merkbaren Kopfnicken endet. Schwingungen, noch kaum meßbar, aber schon im Raum. Ich fasse Mut, stelle Fragen über Technik, Farbe, Struktur und Komposition, verliere meine Befangenheit, wage mich bis zu Ausdeutungen vor. Die Antworten kommen zögernd, aber schon bereitwillig. Gleichklang wird spürbar, Vertrauen beginnt zu keimen, wächst von Augenblick zu Augenblick. Die Vergangenheit zieht sich langsam aus ihrer brennenden Hautnähe zurück. Mein Englisch ist nicht gut genug, aber ich quäle mich gerne. „Lassen Sie uns in Ihrer Sprache weiterreden. Es wird einfacher sein, und wir werden beide mehr davon haben!" Ich kann nur danke sagen, ich weiß, wie schwer ihm dieser Entschluß gefallen ist. Und als ob er seinen Entschluß vor sich selbst rechtfertigen müsse: „Ich tue heute viele Dinge, die für mich gestern noch unvorstellbar waren – und am überraschendsten für mich, ich muß mich nicht einmal dazu überwinden."

Er zieht eine festverschnürte Mappe heraus. Kleine Aquarelle, die das Leben im Getto darstellen und bei aller Kindlichkeit schon die spätere Ausdruckskraft ahnen lassen.

„Sie sind auf abenteuerliche Weise durch Emigranten zu mir zurückgekommen. Ich habe sie im Alter von zehn Jahren im Getto von Wilna gemalt." Dann erzählt er mir ohne Erregung, mit chronistischer Nüchternheit von der Erschießung seines Vaters durch die Nazis, von seiner Mutter, mit der er den schweren Weg durch Gettos und Konzentrationslager gegangen ist. Von vielen seiner engsten Familienmitglieder, die in Dachau und Ponary, Auschwitz, Bergen-Belsen und Mauthausen vergast oder erschossen wurden. Ich schlage beschämt meine Augen nieder. Der Blick hält nicht stand. Zuviel! Meine Kraft reicht doch nicht aus. Als ich endlich wieder Mut fasse und hochschaue, sehe ich keinen Haß in seinem Gesicht und bin doch nicht erleichtert darüber.

Bevor wir das Atelier verlassen, gehen unsere Blicke noch einmal zurück. Vielleicht denken wir beide dasselbe: ein weiter Weg vom Getto in Wilna bis zur Madison Avenue in New York.

Wir stehen wieder in der Wohnhalle. Die Kerzen sind zu Stummeln heruntergebrannt. Es ist Mitternacht geworden. Ermutigt zwar, gerät der Sammler doch nicht in Versuchung. „Bak verkauft nicht an Deutsche", ich habe mehr begriffen, als ich jetzt ertragen kann. Schon nicht mehr Bekenntnis, nur noch Formulierung und auch an ihre Endgültigkeit will ich nicht mehr glauben. Aber es ist nicht der Augenblick, Korrekturen vorzunehmen.

Ich kann meine Gedanken nicht verbergen, er muß sie nur von meinen Augen ablesen. „Unser gemeinsamer Freund sagte mir, daß Sie ein Bild kaufen wollten. Ich wünschte mir, daß gerade Sie es wären, dem ich diesen Wunsch erfüllen könnte, aber alle Bilder, die Sie gesehen haben, gehören zu einer New Yorker Ausstellung der Galerie Aberbach Fine Art." Ein wenig Stolz schwingt mit, als er den mächtigen und einflußreichen Galeristen nennt. Aber dann, ich bin schon im Gehen, hat er doch noch eine Idee. „Hadassa Klatschkin! Kennen Sie sie? Ich habe in ihrer Galerie in den letzten Jahren verschiedene Ausstellungen gehabt, und sie ist eine gute Freundin von mir. Vielleicht können Sie Ihren Abflug auf den Abend verschieben. Ich werde mit ihr telefonieren. Ich weiß von einigen meiner kleineren Arbeiten, die sie für Freunde reserviert hält." Fast verlegen: „Ich habe das Glück, mehr verkaufen als malen zu können. Gehen Sie zu ihr. Sie wird sich freuen, mit Ihnen Deutsch zu sprechen."

Es hat sich mehr erfüllt, als ich hoffen durfte, aber die Decke, auf die wir uns gewagt haben, ist immer noch dünn. Wir werden Streben einziehen müssen, sie mit Scharnieren versehen und mit Nieten verschweißen müssen, wir werden die Risse verkitten müssen wie Bak in seinen Bildern die Vergangenheit. Und wir werden am Ende froh sein, wenn sie uns nur trägt. Eine neue Art von Verständnis, das einzig mögliche, so, wie aus Baks Bildern eine neue Art von Schönheit spricht, die einzig heute noch denkbare. Als ich das am Ende unserer Begegnung gerade begreifen will, schlägt der Wind die große Terrassentür zu, als wolle er uns Einhalt gebieten. Ängstlich biegen sich die Dochte der kleinen Kerzen, die Flammen tanzen unruhig, drohen zu verlöschen. „Heute ist Yom Ha Shoa, der Tag, an dem wir unserer Toten in den Konzentrationslagern gedenken", und mit einem ängstlichen Blick zu den immer noch unruhig flackernden Kerzen: „Nach unserem Glauben dürfen sie nicht verlöschen, bis die Nacht zu Ende geht." Yom Ha Shoa. Vielleicht ist es ein guter Tag dafür? Für was ein guter Tag? Endlich weiß ich es.

Es muß Zeit vergehen. Eine neue Begegnung bei meinem nächsten Besuch. Ein Brief – Hoffen auf ein Zeichen der Ermutigung. Ich muß begreifen, daß es keinen Freispruch gibt, heute nicht und nicht in tausend Jahren. Und er muß selbst die Kraft finden, sich aus der selbsterwählten Isolierung zu befreien. Vielleicht hat dieser Abend die Zeit schneller reifen lassen.

*21. April 1974*

Ich habe meinen Abflug auf den Abend verschoben. Hadassa Klatschkin, Frau eines berühmten israelischen Schauspielers, gehört zu dem kleinen exklusiven Kreis der wenigen noch Lebenden, die einstmals Tel Aviv gegründet haben. Ungebrochen in Kraft und Temperament, beteuert sie immer wieder, wie schmerzlich sie unter dem Verlust leidet, den ihr der Verkauf eines, wenn auch noch so kleinen Stillebens zufügt. Die geschmeidigen Bewegungen ihres Körpers, die theatralischen Gesten ihrer Arme, alles wirkt trotz dem hohen Alter elegant. Das klassisch scharfe Profil, die tiefliegenden, immer noch leuchtenden Augen, der stolze aufrechte Gang, alles läßt auch heute noch unschwer die gefeierte Schönheit vergangener Tage erkennen. Mit Stolz erzählt sie von den vielen berühmten Leuten, die bei ihr Bilder gekauft haben, von Isaac Stern, Leonard Bernstein oder David Oistrach. Eine faszinierende Frau am Ende eines mit Freuden und Leiden prallgefüllten Lebens.

„Ja, Samy hat mit mir über Sie gesprochen!" Ich fühle die mütterliche Zuneigung, die sie beim Aussprechen seines Namens empfindet. Dann überreicht sie mir ein kleines Stilleben: „Ich werde Ihnen erlauben, es zu kaufen." Dann wird sie zum Telefon gerufen, und es bleibt Zeit, erste vorsichtige Zwiesprache mit dem

Bild zu halten. Ich denke an die anderen Stilleben, die ich gestern gesehen habe, versuche es einzuordnen, erinnere mich der Ausdeutungen eines Schöpfers, bis sich langsam auch eigene Gedanken zu formen beginnen.
Man kann Baks Stilleben mit der Arbeit von Archäologen vergleichen, die fähig sind, die ganze Wirklichkeit aus ein paar authentischen Fragmenten neu zu erschaffen. Man könnte in Bak den Archäologen des kubistischen Stillebens sehen, der versucht, die Wirklichkeit einer verlorenen Kultur zurückzuholen. Bak zerstört die alten familiären Formen und erhebt sie in eine Illusion von Wirklichkeit. Sie sind anders geworden, bestimmt für einen anderen Gebrauch, doch wir wissen, daß es eigentlich dieselben guten alten Gegenstände und Früchte sind, Teile von unseren altäglichen Erfahrungen. Baks Stilleben erscheinen (uns) zerstückelt, zerbrochen, verstümmelt, aber vielmehr als Zerstörung und Verfall unserer Welt zu dokumentieren, stellen sie den Versuch dar, verlorene und abhanden gekommene Wirklichkeit zu rekonstruieren. Aber er war immer berührt von der Kraft des Geistes, der die Menschen antreibt, stets von Neuem zu beginnen. Er hat in Israel gesehen, wie überlebende Mitglieder zerstörter Familien sich zu einer neuen zusammengefunden haben. Er hat Leute gesehen, die noch einmal angefangen haben, ihr Leben neu aufzubauen. Das Resultat ist mit dem anderer Länder nicht zu vergleichen, aber es bezeugt die Größe und Unzerstörbarkeit menschlichen Willens. Sicher, Baks Stilleben mußten die kubistischen Stilleben Picassos, Braques und Gris vorausgegangen sein, mehr aber noch die schrecklichen Heimsuchungen von Zerstörung und Vernichtung, die sein und seines Volkes Leben erfahren hat. Die Zwiesprache mit dem kleinen Stück bemalter Leinwand, kaum größer als ein Briefbogen, das ich in den Händen halte, wird unterbrochen. Hadassa, wie sie liebevoll von ihren vielen Freunden genannt wird, ist zurückgekommen. Der Abschied wird herzlich „Schalom – und grüßen Sie mir Deutschland. Es ist lange her, seit ich dort war – zu lange. Ich habe nie aufgehört, es zu lieben."
Im Taxi zum Flugplatz. Im Gepäck den kostbaren, gerade erworbenen Besitz – neues immer wiederkehrendes Glück des Sammlers.

*24. April 1974*

Das kleine Stilleben hat seinen Platz in meiner Sammlung gefunden, eingerahmt von zwei wichtigen frühen Korabbildern. Vergleiche drängen sich auf, wo die Ausgangspunkte kaum unterschiedlicher sein können. Bei beiden scheinbar die gleiche zerfallende, zerbröckelnde Welt, bei beiden in ihrem Niedergang voller Schönheit. Aber wo Korab zerstückelt, um neue Möglichkeiten für sein artistisches Spiel von Formen, Flächen und Farben zu finden, ist die Zerstörung bei Bak Ausdruck tiefer philosophischer Hoffnungslosigkeit. Was dort kühl und distanziert von der Leinwand wirkt, senkt sich hier wie ein Lot in die Tiefen menschlicher Ängste und Nöte. Spielerische Geometrie gegen eine schon verlorene Philosophie. Bak wehrt sich, noch die Endgültigkeit des Verlustes anzuerkennen, und weiß doch um sein hoffnungsloses Bemühen.

Noch einmal, und sei es auch nur für einen letzten Hauch von Zeit, werden die alten überkommenen Werte beschworen, aber die Brüchigkeit ist endgültig, die Vergangenheit uneinholbar. Fragmente, die sich nur noch scheinbar zusammensetzen (zusammenfügen). Die heile Welt, wenn sie es je war, für immer abhandengekommen. Geblieben nur noch die Illusionen einer längst verlorenen Wirklichkeit. Das kleine Bild gibt mir keine Rätsel auf. Schlösser, die nicht schließen, Streben, die nicht stützen, Scharniere, die sich nicht drehen, Schrauben, die nicht fassen, Nieten, die nicht halten, – es gibt kein Entrinnen, nur Aufschub. Wie in allen Stilleben Baks, ist es Herbst geworden, und sein Herbst hat etwas von der Endgültigkeit einer Trennung. Der Frühling wird lange auf sich warten lassen, wenn er überhaupt zurückkommt.

*28. April 1974*
Ein erhoffter zwar, aber doch nicht erwarteter Brief. Er wühlt alle Empfindungen in mir auf, deren ich fähig bin.

Lieber Herr Kallenbach,
unsere telefonischen Gespräche, unsere erste Begegnung, Ihr Besuch in meinem Haus – alles steht noch ganz lebendig vor meinen Augen. Wie wir es sicher nicht anders erwarten konnten, war es unvermeidbar, daß Zeit vergehen mußte, bevor wir uns aufschließen konnten und bereit füreinander waren. Und doch, vieles blieb unausgesprochen, anderes hat unsere Sprachbarriere verhindert. Entschuldigen Sie, daß ich den Brief in Englisch schreibe, weiß ich doch, daß Sie bei der Übersetzung Schwierigkeiten haben werden, aber auf welche andere Weise könnte ich mich sonst verstehbar ausdrücken? Wenn ich mich im Gespräch noch deutlich machen kann, ist es mir ganz unmöglich, meine Gedanken in Ihrer Sprache niederzuschreiben.
Der Grund, warum ich diesen Brief schreibe, ist ein Gedanke, der mich sehr bewegt und von dem ich mich seit Ihrer Abreise nicht mehr befreien kann. Ich denke, daß ich mich Ihnen gegenüber kühl und reserviert verhalten habe, und ich frage mich, ob Sie meine wirklichen Beweggründe für diese Zurückhaltung verstanden haben. Habe ich Ihnen nicht, ohne daß das meine Absicht war, das Gefühl gegeben, Vorurteile Ihnen gegenüber zu haben, die einen direkten und persönlichen Kontakt unmöglich machten?
Bitte verstehen Sie, bevor Sie Rolf Kallenbach wurden, den ich so langsam kennen und verstehen lerne, waren Sie für mich ein Repräsentant Deutschlands. Es hatte für mich etwas mit dem Mechanismus von Selbstschutz zu tun, mit dem Meiden der Berührungen alter Narben und machmal mit Wunden, die noch immer nicht verheilt sind. Sie sind nicht nur Teil meiner Vergangenheit, sondern bestimmen auch meine ganze künstlerische Arbeit. Das Letzte, was ich will, ist irgend jemandem das Gefühl von Vorurteilen zu geben, wo ich doch selbst so sehr unter ihnen gelitten habe und ihr Opfer geworden bin. Wie könnte ich es anderen vergelten. Ich bin weit davon entfernt, mich selbst zum Richter über die Menschheit zu ernennen und Menschen zu verurteilen. Ich versuche immer, Menschen als Individuen zu betrachten; wenn

es mir manchmal nicht gelingt, mich aus den Schatten meiner Vergangenheit zu lösen, werden Sie es mir verzeihen.

Je mehr ich an Ihren Besuch hier denke, um so mehr glaube ich, daß er ein Wendepunkt in meinem Leben werden kann. Wenn ich schon eine Art Zeuge geworden bin, der sich in der Sprache der Malerei ausdrückt, was kann ein Zeugnis wert sein, wenn es nicht in der Öffentlichkeit wirkt oder nur einer kleinen, begrenzten Gruppe zugänglich gemacht wird.

Und dann bedenken Sie, daß es hier nicht nur um die Vergangenheit geht, es ist vielmehr die Bedeutung, die diese Zeugnisse für die Gegenwart haben können. Das Böse – auch wenn es heute weit entfernt scheint, seine Wurzeln wuchern weiter. Vielleicht können meine Anstrengungen als Künstler einen kleinen Beitrag dazu leisten, sie ganz und für immer auszumerzen. Nach allem – wenn es Menschen in Deutschland gibt, die Interesse für meine Arbeit zeigen und wenn durch Ihre Mithilfe ein größerer Kreis davon berührt wurde, dann hätte es seinen Sinn erreicht. Auch wenn das heißt, daß ich teilweise auf die schützenden Wände meines israelischen Elfenbeinturms verzichten muß.

Es gibt, so scheint es mir, keine Möglichkeit, die Zeiger der Uhr zurückzudrehen.

Ich würde mich sehr freuen, wenn Sie sich nicht entmutigen ließen und mir bald wieder schreiben würden

Ihr

Samy Bak

*Mai 1974*

Ich beginne darüber nachzudenken, welche persönlichen Möglichkeiten ich habe, die Faszination Bakscher Bilder auch Deutschen zugänglich zu machen. Ich spreche kunstinteressierte Freunde an, führe Gespräche mit Galeristen und Museen, fühle bei Kunstkritikern und Sammlern vor. Zuweilen blasse Erinnerungen an amerikanische Publikationen, gesehen und wieder vergessen, scheinbares Besinnen auf Abbildungen in italienischen und französischen Ausstellungskatalogen, meist oberflächlich und ohne Bezug. Interesse wird vorgegeben, wo noch keines ist. Bak – wo der Name schon gehört scheint dann zufällig, nicht einzuordnen und ohne Zusammenhang. Baks Selbstisolierung gegenüber Deutschland hat ihn in Kunst- und kunstinteressierten Kreisen weitgehend unbekannt bleiben lassen. Einzig der jüdische Sammlerkreis in den reichen Geschäftsstädten Frankfurt, Düsseldorf und Hamburg kann auf Bilder in seinen Sammlungen verweisen. Baks Ausdruckskraft und seine starke malerische Qualität, von der Kunstwelt, den Zentren in New York, London, Paris und Rom mit starkem Interesse zur Kenntnis genommen, mit teils euphorischer Anerkennung versehen – Deutschland ist davon unberührt geblieben. Ein absurder Tatbestand scheint gründlicher und schneller Korrekturen zu bedürfen. Aber darf ich dies zu meinem persönlichen Anliegen machen? Kann ich mich selbst dazu erwählen, Mittler zu sein? Und hat dieser erste Kontakt genügt, Bak dafür bereit zu machen?

*18. Juni 1974*

Nach einer langen Zeit ständigen Briefwechsels haben sich unsere Beziehungen so weit gefestigt, daß wir unbefangen und vorbehaltlos die uns berührenden Probleme diskutieren. Vielleicht wächst einmal auf lange Sicht mit Geduld und gegenseitigem Verständnis für die besondere Situation, in der wir beide uns befinden, eine Freundschaft daraus.

Da Bak meine Ansicht teilt, daß es wichtiger wäre, seine Bilder einem breiten Publikum als nur einem kleinen kunstinteressierten intellektuellen Kreis bekanntzumachen, lag nichts näher, als an einen Film zu denken, zumal sich eine solche Idee mit meinen beruflichen Erfahrungen und persönlichen Neigungen deckt.

Nicht mehr als ein Gedanke am Anfang, der nun schnell Form annimmt. Bak scheint mir alles Vertrauen entgegenzubringen, das notwendig ist, um dieses besonders für einen Deutschen so schwierige und subtile Thema zu gestalten. Peter Schamonis Max Ernst- und Hundertwasser-Filme haben Maßstäbe gesetzt, denen ich gerecht werden will. Wenngleich ich glaube, daß die Gattung Kunstfilm ihre besondere Aufgabe, ihre wirklichen Möglichkeiten noch nicht erkannt und die der Thematik adäquaten Gestaltungsmittel ungenügend oder gar nicht ausgeschöpft hat. Den intellektuellen Bildungsmechanismus in Gang zu setzen oder auch nur ein oberflächliches Informations- oder Unterhaltungsbedürfnis anzusprechen, scheint mir nicht genug. Das malerische Werk, Persönlichkeit und filmische Gestaltung dürfen nur einen einzigen unverwechselbaren und nur Bak zuzuordnenden Film möglich machen. Diese absolute totale Einheit ist es, die mir vorschwebt.

*27. Juni 1974*

Ich bin zurückgekommen und will es doch noch nicht glauben. Seit unserer ersten Begegnung sind erst drei Monate vergangen. Nicht lästiger Besucher – willkommener Gast, fast schon ein Freund. Anna, Samy Baks Frau, kümmert sich rührend um mich. Er selbst brennt auf die gemeinsame Arbeit, wenn er sich auch zwingt, mich nicht zu drängen, mir Zeit zu lassen. Ich muß meines Glückes erst ganz sicher sein. Israel – mit jedem Besuch denke ich mehr, daß es auch mein Zuhause sein könnte.

Freunde haben mich oft gefragt, worin seine Faszination liegt. Es gibt keine Antwort darauf, man kann sie nur selbst erleben. Und es wird für jeden eine andere sein. Israel – für mich sind es vor allem seine Menschen – ihre Stärke, ihr Glaube, ihr Bekenntnis. Israel wirkt auf mich wie ein Katalysator gegen die künstlichen und aufgezwungenen Neurosen meiner überspannten Welt. Es regeneriert mich, rückt meine verlorenen Maßstäbe zurecht, läßt mich mein Gleichgewicht wieder finden, macht mich wieder frei für die wesentlichen Dinge des Lebens. Israel – ich werde immer wieder zurückkehren, um meiner selbst willen.

*Der nächste Tag*

7 Uhr morgens. Die Luft ist noch kalt. Der süß-herbe Duft aus den nahen Zitrusgärten entschlackt das Gehirn. bringt Denkvorgänge in Gang. Wir sitzen unter knorrigen, ehrwürdigen Olivenbäumen. Um das Drehbuch zu schreiben, muß ich mehr wissen – von seinen Bildern, seinem Leben, mehr erfahren als die nackten Daten – Tiefgründigeres, Verborgeneres, Authentischeres, vordringen bis in die Mitte seines Wesens, muß Bekenntnisse zum Standpunkt der eigenen Malerei hören, Gedanken zu den neuen Strömungen in der modernen Kunst erfahren.

Wir sprechen über seine Stilleben und ihren besonderen Star, die Birne. Ist es nur die Besetzung einer Position, ein Markenzeichen? Bak wehrt ab. Oberflächliches, Plakatives hat keinen Platz in seiner Malerei. Für ihn ist es vor allem die Frucht an sich, die Leben, Wachstum, Schöpfung verkörpert, eine Frucht, die nicht nach dem Gesetz der strengen Formen anderer Früchte wächst, die dickbäuchig oder schlank ist, ihr Haupt neigt oder aufrecht trägt, sich für Symmetrie oder Asymmetrie entscheidet. Es wächst keine Frucht in solcher Freiheit wie die Birne. Unter allen Birnen eines prallvollen Gartens wird man niemals zweimal die gleiche Form finden. So ist die Birne wie das Leben selbst, unendlich und unwiederholbar. Man kann mit ihr all das ausdrücken, was der Mensch an sich selbst nicht mehr verträgt, Grausames, Leidvolles, Unmenschliches. Es ist nicht die Birne an sich, die ihre besondere Bedeutung hat, es sind vielmehr die Dinge, die ihr in Baks Malerei geschehen, die eine symbolische Bedeutung angenommen haben. Sie ist lebendig, aber nicht in der Lage, zu handeln oder ihr eigenes Schicksal zu bestimmen. Man kann sie als Metapher des menschlichen Zustandes verstehen.

Zu einem späteren Zeitpunkt während einer Begegnung in New York deutet Bak einige seiner Birnenbilder selbst:

Das Drama unserer Existenz: Wir verausgaben uns derart, daß wir von unserer Umgebung erdrückt und aufgefressen werden. (Parabel, Farbtafel 17). Die verrückten Geschehnisse unserer Zeit haben den Menschen zur Zielscheibe der Vernichtung gemacht. (Stilleben mit Zielscheibe, Farbtafel 14). In der Struktur, in der wir leben, sind die Lasten nicht immer gleich verteilt. (Pyramide, Farbtafel 25). So Vieles wird geschaffen, um die Frucht vor dem Urteil der Zerstörung zu bewahren, so daß sie völlig gefangen und hilflos wird. (Blaue Fahne, Farbtafel 15). Ein beruhigender Gedanke liegt in der Illusion des Fortlebens, aber dann wird die Vergangenheit ein steinernes, herzloses Denkmal. (Denkmal mit Figuren, Farbtafel 24). Der Drang der Zerstörung hat Rituale geschaffen, die in die Absurdität reichen. (Ritual, Farbtafel 29). Die Kraft der Natur ist so stark, daß trotz allem die Hoffnung bleibt, daß der Untergang nicht endgültig sein muß. (Legende I, Farbtafel 23).

Wir bleiben bei den Stilleben, sprechen über andere, oft in Abständen von Jahren immer wiederkehrende Themenkreise. Da begegnen wir zum einen der umfangreichen Gruppe von Schachfiguren. Längst nicht mehr den Regeln und Gesetzen ihres Spieles folgend, haben sie sich dem Chaos und der Unordnung unserer Welt ergeben. Ihrer Schönheit und Königlichkeit beraubt, willenlos, in der Zeit eingefroren, scheinen sie ihr logisches Ende nicht mehr erreichen zu können. Im allgemeinen gehören sie der Sphäre der archetypischen Symbole an, die im Unterschied zu den mehr hermetischen Symbolen der Träume und des Unterbewußtseins, die die klassischen Surrealisten benutzt haben, mehr kommunizierende Bedeutung haben. Wir wissen, Schach ist ein rationales Spiel, das von Logik und Berechnung bestimmt wird. Aber im Schachspiel Baks ist die Ordnung zusammengefallen. Die Figuren haben sich verändert, haben individuelle Aspekte angenommen, und das Feld ihrer Operationen ist in totaler Auflösung. Man kann nicht mehr sicher wissen, wie ein Spiel sich entwickeln wird. Wir denken, daß wir das Spiel spielen, und entdecken plötzlich, daß wir von anderen unsichtbaren Kräften, Kräften einer göttlichen Ordnung, nur als Spielsteine benutzt werden. Bak spricht auch vom Schachspiel als dem Spiel des Krieges. Vielleicht ist es der Krieg, mit dem er immer leben mußte, und die Erinnerungen an andere vergangene Kriege, die ihn nie verlassen haben, die das Schachspiel zu einer solch symbolhaften und bedeutungsstarken Metapher werden ließen.

Eine weitere wichtige Gruppe stellen die Vögel dar. Sicher haben sie etwas mit dem Bestreben der Menschen zu tun, sich aus ihrer natürlichen Begrenzung zu befreien. Sie erscheinen in Baks Malerei im Licht eines gewissen Sarkasmus. Symbole der Freiheit, werden sie doch nie fliegen können. Sie, deren Flügel durch mechanische Holz- oder Eisenkonstruktionen ersetzt sind, die sich nur noch auf Rollen und Rädern vorwärtsbewegen können, sind hilfloser als die Menschen. Schöpfungen ohne funktionelle Möglichkeiten, nur noch Denkmäler unserer Träume.

In all den Bildern stellt Bak die Frage über den Sinn des Daseins, Fragen, die unbeantwortet bleiben müssen, weil sie viel größer sind als die Antworten, die wir dafür finden können. Sie sind wie gigantische, überdimensonale Schlüssel, die – statt Türen zu öffnen – Häuser zum Einsturz bringen.

*Am Abend des gleichen Tages*

Der Abend gehört einem italienischen Essen, das Anna zubereitet hat, jungem, süffigem Wein von den Hängen des Karmel und dem persönlichen Gespräch. Wir haben vieles gemeinsam. Die Liebe zur Musik: Beethoven, Bartok. Modernes Theater: Ionnesco, Brecht, Anouilh. Die großen Romane von Joyce, Kafka, Proust und Musil. Anna spricht von ihren Freunden, von Kishon und Erik Brauer, meist aber von einfachen Leuten aus der Nachbarschaft. „Israel ist klein, und es kennt fast jeder jeden, und was noch wichtiger ist, es hilft fast jeder jedem. Anna zeigt mir ihre Keramik, phantasie- und kraftvoll. Auch sie arbeitet für eine Ausstellung in einer New Yorker Galerie.

Die Kinder, Daniella, Ilana und Michal, müssen früh zu Bett. Ein israelischer Schultag ist hart. Daniella rückt im kommenden Jahr zum Militärdienst ein.

Später dann erzählt Bak aus seinem Leben. Wechselvolle Stationen. Himmel und Höllen liegen dicht beieinander. Die guten Tage halten den schlechten nicht die Waage. Wenig Erfülltes, viel Erlittenes. Ich habe aufgehört zu fragen, höre nur noch zu, mache Notizen für den Film. Lange, quälende Pausen wechseln mit hastig herausgestoßenen Erinnerungen ab.

„Meine Eltern sprachen Polnisch. Wir waren eine assimilierte jüdische Familie des Mittelstandes in einer Provinzstadt im nördlichen Polen, Wilna. Schon vor Kriegsausbruch haben meine Eltern mich wegen antisemitischer Zeichen aus einem polnischen Kindergarten genommen und in einen jüdischen gebracht. In unserem Hause gingen jüdische Flüchtlinge aus Deutschland und dem besetzten Teil Polens ein und aus. Man sprach schon viel von dem in Warschau errichteten Getto und daß es in naher Zukunft in Europa zur Explosion kommen würde. Aber was wirklicher Krieg war, wurde mir erst bewußt, als die Bomben um unser Haus fielen. Die mir bekannte Welt, die mir bis dahin wie ein Paradies vorgekommen war, fiel zusammen, und ich konnte mir damals nicht vorstellen, bis zu welchem Grad sie für immer verloren sein würde. Armeen kamen und gingen, und wir wurden in ein Getto und dann in ein Lager zusammengetrieben. Und dann bei Kriegsende fanden meine Mutter und ich uns auf wundersame Weise als einzige Überlebende unserer Familie wieder. Meine Mutter hatte zwei Ziele: eines war, den Weg nach Palästina zu finden, wo einer ihrer Brüder lebte, das zweite war, für mich das Kunststudium möglich zu machen, da ich schon seit den ersten Jahren meines Lebens eine große Neigung für die Malerei hatte und meine Familie einstimmig mich schon damals als künftigen Maler betrachtete. Zwei Poeten, die meine im Alter von neun Jahren gemalten Bilder entdeckten, haben im Getto von Wilna eine kleine Ausstellung dieser Aquarelle zusammengestellt. So kam es, daß ich über Nacht bei den Menschen, die in wenigen kleinen Gassen zusammengepfercht lebten, berühmt wurde.

Wir sind nach dem Krieg von Grenze zu Grenze durch Europa gezogen, haben uns lange in Flüchtlingslagern aufhalten müssen und sind 1948 mit der Gründung des Staates Israel dorthin gezogen. In diesen Jahren, jedesmal, wenn wir uns irgendwo für eine Weile aufgehalten haben, hat es meine Mutter trotz unserer schwierigen Lage doch immer wieder fertig gebracht, mir einen Kunstlehrer zu beschaffen. Bei dem ersten Lehrer habe ich das Zeichnen auf klassische Weise mit Hilfe von zerbrochenen Gipsmodellen gelernt. Der zweite war ein Impressionist. Der dritte hat alles mit expressionistischen Augen gesehen, und der vierte verlangte, alles bisher Gelernte zu vergessen, weil nur der Kubismus wirklichen Wert habe."

Erlöst von den Erinnerungen der schwersten Jahre haben seine Sätze ihren stakkatierenden Rhythmus verloren, die Aufregung in seiner Stimme legte sich, die ihr eigene dunkle Schwere und Monotonie kehrt zurück. Nur das Gesicht bleibt verschlossen, läßt Distanz und Vorsicht im Raum.

„Glücklicherweise konnte meine Weltanschauung zu dieser Zeit nicht endgültig formuliert werden, weil ich in Israel lebte und mich ganz dem Studium der Sprache der Propheten widmete. Dann folgten die Jahre des Militärdienstes, und dann endlich kam die Zeit, in der ich frei war, mich völlig auf die Malerei zu konzentrieren. Und weil Paris damals das Mekka der Kunstwelt war, bin ich 1956 dort Student an den

Beaux Arts geworden. In den Beaux Arts habe ich nicht viel Neues über die Malerei erfahren, aber sie haben mir erlaubt, für drei Jahre im staatlich subventionierten Universitätsrestaurant zu essen. Ich habe in Paris auch eine italienische Kunststudentin im selben Atelier kennengelernt – Anna, sie ist später meine Frau geworden.

Meine erste Ausstellung fand 1959 in Rom statt, und da sie Anerkennung und Erfolg brachte, blieb ich für sieben Jahre dort. Ich malte damals in einem modischen, halbabstrakten Stil, spürte aber schon Unzufriedenheit in mir, da ich diese Ausdrucksform zu begrenzt fand. Die dramatischen Erlebnisse in der Zeit der Verfolgung und des Krieges hatten sich gesetzt, und ich war reif geworden, den Mut zu finden, sie zu berühren. Ich wußte, daß ich sehr viel zu erzählen hatte, nicht nur für mich alleine, vor allem für die anderen Menschen. Und ich mußte die Ausdrucksform finden, die für den Betrachter verständlich und lesbar sein würde und ihn doch nicht zu direkt mit der Grausamkeit der Wirklichkeit konfrontierte.

Der Wendepunkt in meiner Malerei war die Biennale Anfang der 60er Jahre, mit der die amerikanischen Popmaler stark gefeiert wurden. Sie hatten eine Legitimation für die Wirklichkeit neu geschaffen, aber ihre Formen stammten aus der Welt der Comics und der Werbung. Diese Formen aber waren mir fremder als die Welt der klassischen Kunst, die mich in Italien umgab. So bin ich zu einer Art surrealistischer Malerei gekommen. Diese Malerei interessierte mich, weil sie mir erlaubte, die Erfahrungen und die Philosophie meines Lebens in ihr auszudrücken, statt mich wie die Surrealisten der dreißiger Jahre mit Psychoanalyse und freier Assoziation auseinanderzusetzen.

In all diesen Jahren, in denen ich als Maler tätig war und in denen ich in vielen Städten Europas und Amerikas ausgestellt habe, hatte ich immer sehr viel Heimweh nach Israel. Aber erst 1966 wurde es mir möglich, mich dort mit meiner Familie niederzulassen und Israel von da an als meine Basis zu betrachten. Mein Leben in Israel und überhaupt die Zeit der Kriege, in denen es immer wieder um die Frage des Überlebens ging, hat die Thematik meiner Bilder bestimmt."

Bak ist erschöpft. Der Weg zurück in die Vergangenheit hat ihn mehr belastet, als er eingestehen will. Es war ein ausgefüllter Tag. Ich habe vieles erfahren. Der Mensch Bak rückt aus seiner mystischen Unfaßlichkeit, bekommt menschliche und erklärbare Züge. Wesen und Charakter werden greifbarer, seine Position in der Kunst wird deutlich. Die Bilder beginnen sich von selbst zu erklären. Vieles muß noch ausgefüllt werden, der morgige Tag wird nicht weniger beschwerlich.

*Am nächsten Morgen*

Nach einem ausgedehnten israelischen Frühstück mit verschieden angemachten Quarkspeisen, saurem Fleisch, frischen, rohen Gemüsen, dampfenden Rühreiern und hart gebranntem Kaffee, fällt es uns schwer, die Vieldeutigkeit und Tiefgründigkeit des vorgenommenen Bildkomplexes zu diskutieren. Wir wollen über die Figuren in Baks Bildern sprechen.

Es gibt nichts, was mich in seinen Bildern mehr berührt als seine menschlichen Figuren, diese eigentümlichen, zweidimensionalen, lebendig und gleichsam ausgeschnitten, silhouettenhaft wirkenden Gesichter in verschiedenen Graden von Ahnung, Wissen und Erfahrung, Figuren, die trotz ihrer erschütternden Gegenwärtigkeit wie undeutliche und unvollkommene Abziehbilder wirken. Sie verwehren uns den Einblick in ihre Lebens- und Leidenswege, aber wir können doch ihre geistige und physische Katastrophe erahnen. In einem Zustand von Angst und Stagnation, am Endes ihres Wegen angekommen, verharren sie erwartungslos und ohne Hoffnung.

„Vor einigen Jahren, als die ersten Figuren auf meinen Bildern erschienen, waren sie mir unbequem, weil sie Dinge erzählen wollten, die ich früher in Symbolen und Metaphern ausgedrückt hatte. Ich habe immer das Direkte in meiner Malerei vermieden, weil die Erlebnisse, die ich erzählen wollte, grausam und abstoßend waren. Darum habe ich sie in der Dimension der Zeit versetzt und von der Wirklichkeit entfernt."

Ich denke an viele seiner Figuren, die als Echo von Meisterwerken aus vergangenen Jahrhunderten wirken. Paraphrasen auf klassische Werte, an die zu glauben sich unsere Zeit immer mehr weigert. „Der große Herzog und seine Gemahlin" zum Beispiel, die uns schon aus dem Gemälde Piero della Francescas bekannt und bei Bak zu flachen Profilen aus starrer Masse geworden sind. Die großen Meisterwerke der Renaissance werden nur scheinbar beschworen. Die alten bekannten Inhalte werden mehr als weiterentwickelt oder in Zeitbezug gesetzt, sie haben sich gewandelt, zeigen sich uns in der neuen Logik unseres Jahrhunderts.

Mantegna, Dürer und Lucas Cranach erscheinen in einer gewissen Art von Ironie und Sarkasmus. Durch den brüchig und fadenscheinig gewordenen Vorgang der Kunstgeschichte zwängen sich zähnefletschend die schrecklichen Erkenntnisse unserer Tage.

Die Zeit hat sich nicht einmal der Mittagsstunde genähert, aber es ist, als ob sie heute früher als sonst von der Sonne eingeholt würde. Kaum 11 Uhr, und die Luft scheint schon erstarrt zu Dunst, alles Leben eingefroren zu glühendem Stein. Keine Hoffnung auf einen noch so lauen Windzug, der die Beklemmung milderte. Das Atmen ist uns beiden schwer geworden, und auch die dichten Schatten, die die Olivenbäume spenden, können nicht lindern. Vergeblich schaue ich in das knorrige Geflecht ihrer Äste, aber kein Blatt dreht sich, blendet mich mit seinem flimmernd silbrigen Spiel, das nur der Wind beherrscht.

Aber es ist wohl nicht nur die zu dieser frühen Stunde ungewöhnlich brütende Hitze, die mich lähmt, es ist wohl auch die Auseinandersetzung mit dem Menschenbild, die uns so schnell erschöpft hat. Die Kunst, wenn sie groß ist, seziert es mit der Schärfe eins Skalpells, legt es mehr bloß, als es unser tägliches Leben vermag, entlarvt alles, was wir so schnell die Seele nennen, weil es uns bequem ist, als einen schwarzen, unendlichen Schlund, durch den wir unser ganzes Leben nur hindurchfallen. Bak demontiert den Menschen, um seine Abgründe aufzuzeigen. Er läßt Visionen entstehen, in denen die Grate zwischen Armut und Reichtum, zwischen Elend und Glanz, zwischen Menschenleid und Menschenfreud zu einem einzigen machtlosen Hilfeschrei zerschmelzen. Baks zerschundenes Bild vom Menschenangesicht – es ist immer nur unser eigenes, und darum versetzt es uns in Angst und Schrecken. Und die Gnade? Bak hat sie nicht gefunden. Hat er schon aufgehört, sie zu suchen? Die Sonne dörrt die letzten Gedanken aus. Die Zeit scheint jetzt ganz still zu stehen. Ich denke an die Menschen, für die ich den Film machen will. Werden die gemachten Erfahrungen, mit denen ich sie konfrontieren muß und die sie an die eigene Vergangenheit erinnern werden, nicht zu schwer wiegen? Werde ich sie nicht entmutigen? Ist die Erkenntnis der Unabänderlichkeit unseres Schicksals nicht zu endgültig? Zu erschreckend die Einsicht, daß die Welt, in der wir leben, nichts als Bedrohung und Vereinsamung bereithält? Oder werden die Bilder des Malers Samuel Bak ihnen auch wieder helfen, diese Erkenntnis zu ertragen? Werden sie ihnen am Ende wieder Mut geben, Hoffnung und Bekenntnis zum Leben zurückzufinden?

Als Anna mit einem Krug aus dem Haus tritt und eisgekühlten Saft aus frischausgepreßten Zitrusfrüchten in die bunten Gläser eingießt, bin ich nur allzugerne bereit, Gespräch und Denkvorgang zu unterbrechen. Zeit, den Gedanken freien Lauf zu lassen, auch wenn die Atempause meine Zweifel nicht beseitigt, nur zurückdrängt, Zeit, sich an dem stillen Einverständnis zweier völlig ineinander aufgehender Menschen zu erfreuen. Es fällt mir ein, daß ich im Gegensatz zu meiner Umwelt in Deutschland die intakte Ehe hier als etwas Selbstverständliches betrachte. Sicher hat es etwas mit der besonderen Situation dieses Landes zu tun, die mehr aufeinander angewiesen macht, mehr zusammenrücken läßt, die Liebe mehr fordert. Als ich noch darüber nachdenke, erkenne ich schon, daß ich mich selbst zurückgeführt habe, daß es immer wieder und vor allem der Mensch ist, der uns bewegt und ergreift. Er nur macht die Mitte aus. Die Kunst aller Völker zu allen Zeiten hat ihn in Erkenntnis dieser Einsicht immer wieder zur zentralen Frage erhoben und darauf ihre unendlich vielfältigen und unterschiedlichen Antworten gefunden.

Das Gespräch führt uns beinahe übergangslos zurück zu Baks Menschen.

Viele von Baks Menschen besitzen Metallflügel oder Vorrichtungen, die flügelähnlich sind. Sie sind an stählerne Konstruktionen geschnallt, zu schwer, um mit ihnen in die verbleibenden Sehnsüchte hinwegzufliegen. Ich muß an die Geschichte von Ikarus denken, der versucht, die Sonne zu erreichen, und ins Meer hinunterstürzt – der Preis, den der moderne zivilisierte Mensch für den Drang über seine eigenen Grenzen hinaus zahlen muß. Die Metallflügel, die er erfunden hat, sind zu einer Falle geworden. Sie nehmen ihm mehr Freiheit, als sie ihm geben konnten.

Andere scheinen Engel zu sein, aber ihre Flügel sind gestutzt und lassen sie nicht mehr ihre Himmel erreichen. Ihrer überirdischen Bestimmung beraubt, bleibt ihnen nichts als das zweifelhafte Los der Menschen zu teilen.

Bak verblüfft mit einfacheren, realitäts- und gegenwartsbezogenen Deutungen. „Die fliegenden Männer sind Teile israelischer Wirklichkeit. Die Männer mit ihren Flügeln fliegen über die Grenzen Israels, um es zu beschützen, und opfern sich dabei selbst, oder werden geopfert. Sie sind Teile von Israels gegenwärtiger Geschichte, aber auch Teile menschlicher Geschichte an anderen Plätzen und zu anderer Zeit. Die Geschichte von Dädalus und seinem Sohn Ikarus ist nicht sehr weit entfernt von den tragischen Ereignissen unserer Zeit, in denen zu viele Väter ihre Söhne in die Sonne hinaufsteigen und in das Meer hinabstürzen sehen. Es ist merkwürdig, daß diese griechische Legende dem biblischen Thema der Opferung Isaaks so nahe kommt."

Der lange Weg durch die trotz allem Symbolhaften schockierend klare Bildwelt Baks, in der Mythos zur Realität wird, Vergangenheit nur der Gegenwart dient, hat uns fast die Zeit vergessen lassen. Die Tage in Israel sind kurz um diese Jahreszeit. Die Scheide zur Dunkelheit ist schroff und übergangslos. Die Hitze des Tages hat Dunstwolken gezogen, die auch noch die letzten Strahlen der Sonne verdunkeln und unsere langen Schatten in dem spärlichen Gras verwischen. Wie seine scharf geschnittenen Gesichtszüge sich gegen den blutig verlöschenden Abendhimmel abzeichnen, erinnert er mich an einen Chassid, der sein Leben bei den Rabbinern verbringt und dessen einziges Lebensziel es ist, Gott zu dienen.

Wie seinen Figuren haftet auch ihm ein Hauch von Tragik an. Wie sie scheint er auch längst aufgegeben zu haben, das vor scheinbar endlos langer Zeit angestrebte Ziel noch zu erreichen. Erstarrt in Angst, seines Willens beraubt, scheint er wie sie am Ende seines Weges angekommen und lebt doch weiter, weil die Kraft seiner Kunst sich nicht mit dem Tode abfinden kann. Bak spricht aus, was ich nicht denken will. „Es ist, als ob sich eine Welt bereitmacht für den Untergang" – und als er mich bedrückt und in Angst sieht, „aber man muß an den Frühling denken, glauben, daß das Urteil, das die Welt über sich selbst gefällt hat, nicht vollstreckt wird."

Dieser letzte Gedanke Baks scheint mir so sehr aus der Mitte seines Wesens gesprochen, so vollständiger Ausdruck und Verkörperung seiner Philosophie, so sehr totale Identifikation seines bisherigen künstlerischen Werkes, daß ich ihn in der gleichen Nacht noch, bevor ich einschlafe, niederschreibe. Vielleicht ist er ein erster Ansatzpunkt, aus dem heraus sich die Idee des Films entwickeln läßt.

Wie am Abend abgesprochen, gilt der letzte Tag der Technik seiner Malerei, so Profanem, wie der Wahl der Farben und Pinsel, der Struktur seiner Leinwände, oder dem Entscheidendem wie Fragen der Komposition und Perspektive. Ich will einen Arbeitstag im Atelier erleben, ungekürzt und ohne die sonst üblichen Umstände für Besucher. Das heißt, Verzicht auf Frühstück, 7 Uhr aufstehen, 7.30 Uhr Arbeitsbeginn. Bak schließt das Atelier hinter sich ab, die Isolierung, auch gegenüber seiner Familie, muß vollständig sein. Ein besonderes Belüftungssystem sorgt für klare, immer frische Luft. Die Beleuchtung: Bak benutzt alte französische Glasdachziegel in vielen Farbschattierungen wie Lavendel, Olivgrün, Violett, um das kalte und blaue Nordlicht zu filtern. 12 bis 14 Stunden täglich an der Staffelei zu arbeiten, ist alleine schon eine physische Anstrengung. Aufkommender Unlust und Trägheit werden mit harter Disziplin begegnet. In den anstrengenden Arbeitsperioden, die sich oft über Wochen erstrecken, nimmt er kaum Nahrung zu sich, den Tag über 4–5 Liter klares Wasser, am Abend ein kleines Steak und wenig Salat. Der kleine Körper darf nicht unnötig belastet werden. Jedes überflüssige Pfund drückt auf die Beine, macht das Stehen schwer.

Er zwingt sich bis an den Rand von Askese. Kein Alkohol, keine Zigaretten. Er bedarf keiner Stimulanzien. Das Hirn arbeitet auch so mit messerscharfer Logik. Die Psyche übernimmt wie selbstverständlich ihre Funktion, ohne Verbrämung, ohne überflüssige Windungen. Die herkömmlichen Vorstellungen vom Habitus des genialen Künstlers gelten nicht. Vom Flug des Erwählten und Erhobenen ist nichts übriggeblieben. Nur Fleiß und harte Arbeit in abgesteckten und kontrollierten Bahnen. Begnadung ist kein Akt von Zurschaustellung. Sie zeigt sich dem Betrachter nur ganz am Ende, wenn das Bild den vollständigen Einblick gewährt.

Ein Zugeständnis an meine Anwesenheit: Das Gefühl, unhöflich zu erscheinen, mich mit den endlos langen Phasen des Schweigens, die die Arbeit begleiten, übermäßig zu strapazieren, läßt ihn in großen Abständen kleine Pausen in die Arbeit einlegen. Gelegenheit für mich, Fragen, die mir auf der Zunge liegen, zu stellen.

Auszüge aus einem Interview mit dem Maler (1973):

Interviewer: Ist da nicht irgendetwas in der Art, wie Sie malen, das einem verborgenen Wunsch folgt, die Meisterschaft der alten Meister noch zu übertreffen?

Bak: Trotz meiner Bezogenheit auf die alte Kunst habe ich überhaupt kein Interesse, mich durch Kopieren an alten Meistern zu trainieren. Gewisse Formen der Kunst sind durch die großen Meister so hoch entwickelt, daß sie überhaupt nie übertroffen werden können. Jedoch, die klassische und die christliche Mythologie haben ihren Sinn verloren, und wir halten vergebens Ausschau nach einem Neuen. Er hat sich noch nicht gefunden.

Wie gehen Sie an die Arbeit heran? Wie beginnen Sie ein Bild? Welche Überlegungen gehen voran? Steht die Konzeption am Anfang, oder lassen Sie sich von Intuitionen führen?

Manchmal ist es ganz einfach der Wunsch, in einer gewissen Farbe zu malen, sagen wir einmal in Blau. Gelegentlich stellt sich das Thema durch die Wahl der Farbe ein. Dann versuche ich, diese Idee in eine Sprache von Symbolen zu übersetzen. In diesem Stadium ist Selbstkritik die einzige Möglichkeit, die völlige innere Harmonie zu erreichen.

Es kann passieren, daß aus einem Bild ein anderes geboren wird. Wenn ich während des Arbeitsvorganges die Notwendigkeit fühle, etwas anderes zu machen, so baue ich aus dieser Notwendigkeit eine neue Bildreihe auf. Eine große Anzahl meiner Bilder ist aus sich selbst geboren, aus ihrem eigenen Wunsch, sich zu verändern. Aus diesem Grund arbeite ich in Gruppen: Die Birnen- und Schachfiguren, die Gruppe der metallenen Vögel, die Schlüsselserien.

Ich erinnere mich noch, als ich zuerst die Birnen malte, sah ich überhaupt keine Entwicklung in diesem Thema. Als ich zwei Jahre später zu diesem Gedanken zurückkehrte, fand ich eine ganze Welt, die mich bis heute nicht losgelassen hat. Nur wenn ich ein Thema einer Serie völlig erschöpft habe, fühle ich mich frei, an eine neue Thematik, der Ausgestaltung und Ausführung zu denken. Von diesem Augenblick an sind die Dinge in meiner Vorstellungskraft ganz gegenwärtig. Ich mache eine Konturzeichnung, und danach arbeite ich an Details der Leinwand. Ich achte auf Proportionen und Verwandtschaft. Ein ähnliches Verfahren wie das rhythmische Gerüst eines Gedichtes. Bogen, Winkel, gerade Linien wiederholen sich und bauen eine Symmetrie auf. Die kompositionellen Elemente können der Hauptteil eines Bildes sein. Wenn einmal diese Vorzeichnung fertig ist, lasse ich sie so wie sie ist und ändere kaum etwas an ihr.

Ist das nicht eine sehr entsagungsvolle Arbeitsmethode?

Wenn die Leinwand noch ganz weiß ist, arbeite ich nur mit den Umrißlinien der Form. Ich sehe dadurch die Probleme klarer, weil sie isoliert betrachtet werden können.

Eines der Geheimnisse der Kunst – aller Künste – ist die Fähigkeit, sie zu unterteilen, die Grundkomponenten im Auge zu haben und das Hauptproblem in spezielle und einzelne Probleme aufzuteilen. Man sollte nicht versuchen, alles auf einmal lösen zu wollen. In einem späteren Stadium konzentriert man sich auf die Komposition, auf Farbe, Textur, das Spiel der Körper, die physikalischen Ausdehnungen der gemalten Objekte, die Atmosphäre und so weiter.

Wann, würden Sie sagen, ist ein Bild beendet?

Eine Malerei ist dann beendet, wenn alle Teile zu einer Form, zu einem unteilbaren Ganzen vereint sind, und zwar so, daß nichts hinzugefügt oder weggenommen werden kann. Ein Bild ist dann beendet, wenn alle Bildteile von der gleichen Dichte erfüllt sind und alle Leere daraus verschwunden ist. Ich behandle die äußerste Ecke des Himmels mit der gleichen Sorgfalt wie den Mittelpunkt meines Bildes. Alle Farben und Objekte, die es darstellt, werden so zu einem einzigen Ganzen. Ich wünschte mir, es sähe so aus, als wäre es ohne die Zeichen jedes subjektiven Einflusses auf die Leinwand gebracht. Vermeer hat es darin zu unerreichter Meisterschaft gebracht. Und auch Breughel. Er setzt Dinge auf die Leinwand, um sie wieder zurückzunehmen. Solche meiner Bilder, von denen man vermutet, daß sie besonders repräsentativ sind, sind spontan gemalt, ohne zu kleinliche Detaillierung. Das klingt paradox, weil ich glaube, daß für die wirkliche kreative Arbeit ein Stadium von kritischem Selbstbewußtsein notwendig ist, das in der Tat nichts zurücknimmt.

Sie bekennen sich zur Einfachheit als einem Ihrer Ideale, aber Sie geben sich nicht zufrieden, einfach nur zu zeichnen, sondern haben dazu noch komplexe Formen von Licht, Schatten und Farben entwickelt?

Wenn ich spüre, daß der Betrachter magische und illusorische Augenblicke erlebt, wenn die Leinwand entschwindet und der Raum sich füllt mit etwas sehr Empfindsamem, dann muß ich weitergehen, über die Kontur hinaus zur Farbe. Neben den unabhängigen Valeurs hat Farbe eine Vielzahl von beschreibenden, expressiven und theoretischen Kräften. Der Unterschied zwischen einer Vorzeichnung und einem fertigen Bild ist der gleiche wie zwischen dem Lesen eines Theaterstückes und dem Erleben des Stückes auf der Bühne. Nur die Entwicklung aller Bewegungen von Licht und Schatten, von Farbnuancen, vom physischen

Aspekt von Farbstoff bringen das Erlebnis auf den Höhepunkt. Einmal habe ich ein interessantes Experiment gemacht. Ich habe die Vorzeichnung auf drei verschiedene Leinwände aufgetragen und jede zu einem individuellen Gemälde entwickelt. Es war mir schon sehr bald klar, daß in jedem Fall die Kontur selber die Freiheit zuläßt, eine Vielfalt von Farben, Lichter und Materialien einzubringen.
Es ist nicht notwendig zu sagen, daß alle drei Bilder völlig verschieden ausfielen.
Natürlich beziehen sich diese Anmerkungen auf Vorzeichnungen zu Gemälden und nicht auf Handzeichnungen, die natürlich eine eigene kraftvolle expressive Kunstform darstellen.

*Ben Gurion, Air Port, Lod*
Als ich selbst die Zeit bis zum Abruf meiner Maschine noch nutzen, neue Fragen stellen, Zusammenhänge noch deutlicher machen will, legt er mit der Besorgtheit eines Freundes den Arm um meine Schultern. „Es waren gute und wichtige Tage. Jetzt brauchen Sie Zeit, um alles reifen zu lassen." Und als meine Maschine schon aufgerufen wird: „Wenn Sie die Freude an Bildern nicht verlieren wollen, denken Sie immer daran, Worte können nur einen Teil der Sinne erklären, manchmal verdecken sie ihn mehr. Manchmal liegt die Magie der Kunst in jenen Bereichen, für die es keine Worte gibt."

Obwohl schon Wochen vergangen sind, die Tage in Israel sind spürbar gegenwärtig, die Begegnung ist hautnah geblieben.
Ich schreibe das Drehbuch ganz auf New York hin. Die Realisierung ist für den Herbst gedacht. Dann wird Bak mit seiner Familie schon für einige Jahre nach New York umgesiedelt sein. Eine Initiative seines New Yorker Galeristen, die ihre Früchte tragen wird.
Herausgerissen aus der Enge und Abgeschlossenheit des kleinen, schon seiner geografischen und politischen Lage wegen isolierten Israels, wird eine Verpflanzung auf Zeit nützen. Israel kann nur noch als geistige Basis sichtbar werden, ohne die Baks Malerei undenkbar ist. Er wird die zahlreichen Richtungen und Strömungen spüren, wird kämpfen und sich behaupten müssen. Am Nabel moderner Kunst wird sich sein Blickfeld erweitern, wird er seinen eigenen Standpunkt bestätigt oder korrekturbedürftig finden, werden als sicheres Ergebnis seine Bilder ihre oft begrenzten israelischen Bezüge verlieren.
Das Tor zu Anerkennung und Ruhm ist nur aufgestoßen, in New York gilt es hindurchzugehen.

Meine Abreise nach New York steht bevor. Das amerikanische Drehteam ist engagiert, Verträge mit dem Fernsehen sind geschlossen, als Sendetermin ist der 8. Februar bestätigt. Das Drehbuch hat bis auf während der Arbeit notwendig werdende, aber sicher nicht erhebliche Korrekturen seine endgültige Form gefunden. Im Opening wird bereits die gedankliche Konzeption deutlich.

*Opening*
Drehort: New York, Central Park

Bild:
Ein trüber Herbsttag.
Bak geht durch das tiefe Laub des herbstlich kahlen Central Parks.
Die Kamera begleitet ihn auf seinem Spaziergang, erfaßt ihn in verschiedenen Größen (von supergroß bildfüllend Gesicht bis unendlich total).
Fährt vor ihm weg oder parallel zu seiner Gangrichtung.
Normaler Objektivsatz von 25er bis 400er Weitwinkel.
Travling/Trafo.

Langsames Ein- und Ausblenden des Bak-Bildes *Alesson 1968*. Blendverhältnis: ansteigend bis 70:30, dann abfallend.

Langsames Ein- und Ausblenden des Bak-Bildes *Dreaming Angel 1972–1974*.
Gleiches Blendverhältnis.

Ton:
Parkgeräusche (Wind, Laubrascheln, Vogelstimmen, aus der Ferne Verkehrsgeräusche)!

On:
Bak mit eigener Gedankenstimme:
(Stimmlage und Einfärbung unterstützen herbstliche Melancholie. Modulation und Formulierung lassen den Ostjuden erkennen.)
Es ist mein 2. Herbst in New York. Die Tage sind manchmal grau und kalt, manchmal sonnig und mild, aber immer sehr kurz.
Wie sehr verschieden vom Herbst in meinem Land. In Israel weht der heiße Wüstenwind, von starken Regengüssen unterbrochen.
Es ist eine melancholische Zeit, in der die Erinnerungen blühen.
2 Jahre New York, 8 Jahre in Israel, wo ich mein Haus gebaut habe. Davor 7 Jahre Rom, 3 in Paris als Kunststudent, weitere Jahre in Israel als Soldat und junger Mann.
Die 3 Jahre im Flüchtlingslager im Nachkriegsdeutschland, in denen ich die deutsche Sprache gelernt habe. Und vor all dem die ersten 12 Jahre meines Lebens in Polen, das Trauma des Krieges und der Zerstörung, die mich zu einer Art Zeuge gemacht hat, wie die Menschheit beschlossen hat, sich selbst zu vernichten.
Gegenwärtig lebe ich im 12. Stock eines Appartementhauses. Die Fenster meines Ateliers schauen über den Central Park. Um das Gefühl Erde un-

Bild:

Ton:

ter meinen Füßen zu haben, Bäume zu berühren, muß ich in den Fahrstuhl steigen und den Verkehr der 5th Avenue überqueren. Wenn ich in Israel aus meinem Atelier gehe, bin ich in meinem Garten.

Überblenden in:
Sequenz Israel. Das abgeschlossene und verlassene Haus in Savyon.
Die subjektive Kamera (mit den Augen Baks gesehen) tritt aus der geöffneten Ateliertür in den Garten hinaus.
Die einzelnen subjektiven Kameraeinstellungen unterstreichen den Text.

Der Wind weht die trockenen Blätter der Olivenbäume in mein Haus. Diese Bäume sind älter als die ältesten Menschen, die ich heute kenne, und ich hoffe, sie werden es gut behüten, bis ich zurückkehre.
Als ein Vater von Kindern, als ein Mann, der Europa in den Kriegsjahren erlebt hat – alles in mir ruft nach einer Rückkehr.

Überblendung!
Central Park. Bak geht durch den herbstlichen Wald.

Als Künstler, als ein Maler, dem die Kultur der westlichen Welt so wichtig ist, fühle ich mich angezogen von den Kunstzentren, die mich stimulieren, mein Wissen erweitern und innerlich reicher machen. Dafür gibt es kaum einen besseren Ort als New York.

Durchblenden einer kurzen Montage von Bildern wichtiger New Yorker Museen und Galerien Blendverhältnis bis 50:50

Wenige Schritte vom Central Park findet man auf der 5th Avenue die großartigsten Museen und daneben auf der Madison Avenue die zahllosen Kunstgalerien – ein Imperium der Kunst unserer Zeit.

Bak entfernt sich, durch tiefes Laub gehend, immer weiter von der Kamera.
Durch diese letzte Parkeinstellung blendet das Bak-Bild *The Wanderer.*

Das alles hat mich zu einem Wanderer gemacht, einem Mann, der sich an vielen Plätzen zu Hause fühlt, und nicht genug in seinem Eigenen ist, einem Mann, der viele Sprachen spricht, aber nicht die, in der er geboren ist.

New York. Ein Herbst, trist und ohne Hoffnung. Die Stadt trägt das über sie hereingebrochene Schicksal nur noch gesenkten und müden Hauptes. Manhattan, einst Verheißung einer neuen Welt – in tiefer Agonie. Madison Avenue und 5th Avenue, Broadway und Park Avenue – vor wenigen Jahren noch pulsierende Lebensadern, gelähmt von Arbeitslosigkeit und Rezession. Central Park, pumpende Lunge für Millionen Erschlaffter, übersät von Unrat und Abfällen. Glanzvolle Ausstellungen wie die Max-Ernst-Retrospektive im Guggenheim-Museum, Francis Bacon im Metropolitan und Jüdischer Geist im 20. Jahrhundert im Jüdischen Museum können nur beschönigen, nicht versöhnen.

In zwei Jahren New York ist es Bak ganz klar geworden, er kann kein integraler Bestandteil einer Welt werden, die sich längst selbst aufgegeben hat, die nur noch in der unwürdigen Pose der Selbstverachtung verharrt. Er kann nicht an einem Rennen um Erfolge teilnehmen, weder als Künstler noch als Vater oder Teil seiner Familie, wenn Erfolgreichsein mit der Aufgabe der eigenen ethischen und moralischen Positionen einhergehen muß. Auf Ruhm, der solchen Preis verlangt, muß um der eigenen Selbstachtung verzichtet werden. Die unglaubliche Oberflächlichkeit menschlicher Beziehungen, die er hier erlebt hat, muß aus den eigenen Lebensbezirken ausgeschlossen bleiben.

New York bleibt eine wichtige Periode in seiner künstlerischen Entwicklung, aber seine Entscheidung, daß diese Stadt, um welchen Preis auch immer, nie seine Heimat werden kann, ist endgültig. Die Sorge um die Entwicklung seiner Kinder hat ihm diesen Verzicht leicht gemacht. Er würde es nicht zulassen, daß sie aufwüchsen in einer herzlosen Stadt, die aufgehört hat, Werte zu bilden, die sich nur noch rühmt, zu zerstören, was Generationen vorher mühsam aufgebaut haben. Wenn man in Israel geboren und aufgewachsen war, mußte einem diese Stadt mit ihren unlösbaren Problemen fremder und weiter entfernt scheinen als selbst der Mond. Selbst seine Kinder hatten das schon angefangen zu begreifen.

*Ein privater Abend*

Ein Hauskonzert versammelt wie allwöchentlich die Freunde in Baks Wohnung, Freunde unterschiedlichen Alters und unterschiedlicher Ambitionen, kaum erwachsen, noch um Anerkennung ringend und in ehrwürdigem Alter, bedeutend und arriviert. Freunde in ausgefransten Jeans und korrekten Abendanzügen. Ein Chirurg, eine Bildhauerin, ein Geschichtsprofessor, eine Bibliothekarin, eine Malerin, ein Pianist, eine Studentin – jüdische Freunde, gleich betroffen von der Abweisung der Stadt, vereint in der Liebe zur Musik und der Sehnsucht, bald wieder heimzukehren nach Israel.

*Unser letzter Drehtag*

Der dunkle, regenverhangene Himmel, Bak in seinem langen schwarzen Mantel, die entnervende Monotonie in seiner Stimme, alles bekommt symbolhaften Charakter.

Das Ende des Films scheint symptomatisch für eine unausweichlich zu Ende gehende Zeit.

*The End*

Drehort: New York, Central Park und Jüdisches Museum

| Bild: | Ton: |
|---|---|
| Bak setzt seinen Gang durch den Central Park vom Anfang des Filmes fort.<br>(Kamerabewegung und Objektive ähnlich wie am Anfang des Filmes) | Parkgeräusche wie zu Anfang.<br>On:<br>(Bak mit eigener Gedankenstimme, die Monotonie der Stimme eher noch gesteigert.) |
| Ein- und Ausblenden des Bak-Bildes *Yizkor 1971*<br>Blendenverhältnis bis zu 70:30 | Die Herbsttage mit der Traurigkeit einer Trennung. Die Bäume werden nackt, die Erde wird kahl und schwer, und die Sonne schaut nur noch bleich hinter den Wolken hervor. Es sieht so aus, als ob sich eine Welt bereitmacht zum Untergang. Aber man muß an den Frühling denken, man muß glauben, daß das Urteil, das die Welt über sich gefällt hat, nicht vollstreckt wird. |
| Bak verläßt den Central Park, überquert die 5th Avenue und betritt das Jüdische Museum, in dem neben Chagall, Lindner, Max Beckmann etc. auch seine wichtigsten Bilder ausgestellt sind. | Die Traurigkeit der Trennung ist ein Gefühl, das der Maler immer wieder erlebt. Seine Schöpfung ist am Ende wie ein Kind, das erwachsen wurde und in die Welt geht. Wenn man ihm nach einiger Zeit wieder gegenübersteht, ist man voll von Angst, wie vor einem Augenblick der Wahrheit. |
| Bak stellt sich unbemerkt zu einer Gruppe von jüdischen Besuchern, die vor seinem Bild *The traveller,* einer modernen Version von Dürers *Melancholia* steht. | Worte können nur einen Teil der Sinne erklären, manchmal verdecken sie ihn mehr. Manchmal liegt die Magie der Kunst in jenen Bereichen, für die es keine Worte gibt. Manchmal kann der Maler nur in |

| Bild: | Ton: |
| --- | --- |
| | den Augen der Betrachter erkennen, ob es ihm gelungen ist, die Welt seiner Gedanken zu materialisieren. |
| Die Gruppe der Besucher entfernt sich, Bak geht langsam auf sein Bild zu. | |
| | On: (Gedankenstimme) Ich hoffe, daß meine Malerei, auch wenn sie so sehr in der jüdischen Geschichte verankert ist, den Weg zum Herzen eines breiten Publikums gefunden hat. Ich denke, daß heute gefühlvolle Menschen verstehen, daß das Bild des jüdischen Volkes in unserer Zeit der Spiegel geworden ist, in dem die Welt ihr wirkliches Antlitz erkennt. |
| Die Kamera fährt groß auf das Gesicht Baks zu, bis dieses eingefriert. | |

*Eichenau, den 23. 12. 1975*

Lieber Samy, liebe Anna,

nun zu meiner Arbeit, meinen Sorgen, Fragen und Bitten. Ich sehe langsam aus Tausenden von Filmmetern einen, wenn nicht alles täuscht, wunderschönen Film erwachsen. Ich glaube, am Ende wird er erschüttern und tief ergreifen. Ich kann das schon jetzt an den Gesichtern derer ablesen, die ihn jetzt bei der Fertigstellung begleiten (Cutterin, Tonmeister, Trickkameramann). Der mystische Ernst, der von Deinem Gesicht ausstrahlt, läßt viele andere kleine Unebenheiten vergessen. (Zu häufige Lichtwechsel während der Central Park-Passagen.) Was mir Sorgen macht, sind die schweren melancholischen Texte. Sie drücken tief auf das Gemüt und machen in einer Weise kritiklos, die nicht gewollt ist. Hier wird noch Vorsicht geboten sein müssen.

Im Augenblick schneide ich gerade die Musik. Ich habe mich im wesentlichen für Teile aus den frühen Beethovenquartetten 1–4 entschieden. Gegenüber der Formstrenge der späteren Quartette haben sie noch etwas Unfertiges, was der Improvisation und Zufälligkeit der Park-Sequenz entgegenkommt. Hier bin ich ganz sicher, auch wenn sie enervierend auf den Zuschauer wirken wird, und die bedrückende Stimmung bis an die Grenze der Zumutbarkeit steigert. Leider mußte ich auf weniger bekannte Aufnahmen zurückgreifen, da die großen Schallplattenfirmen unbezahlbare Forderungen gestellt haben.

In den nächsten Wochen werden die Trickarbeiten beendet sein, und dann wird man einen ersten Gesamt-

eindruck haben. Leider ist die Qualität der Dias sehr unterschiedlich und eine absolute Angleichung auch mit allen kopiertechnischen Mitteln nicht möglich. Der Zuschauer wird allerdings kaum Unterschiede feststellen.
Wir haben hier einen ungewöhnlich milden Winter und man glaubt schon den nahen Frühling zu ahnen. Aber natürlich ist das eine Täuschung.
Euer so herzlicher, zuneigender Brief hat uns tief gerührt. Wir werden immer glücklich sein, Euch als Freunde zu wissen. Ihr habt uns wunderbar glückliche Tage in New York geschenkt, habt nochmals Dank dafür.
Anna, Dir und Deinen Kindern ein glückliches neues Jahr. Frieden, damit Du Dein Haus bewohnen kannst, Gesundheit, damit neue wunderschöne Bilder entstehen. Mir selbst wünsche ich, mehr frei zu sein für die wesentlicheren Dinge des Lebens, zu denen auch unsere Freundschaft zählt.

Immer herzlich zugetan
Euere Rolf und Gudrun

Was bei den Dreharbeiten in New York gerade nur vorsichtig als Idee einer Möglichkeit angesprochen war, später von mir aber doch als voreilige und unzumutbare Ermutigung nicht wiederholt und von Bak auch nicht wiederaufgegriffen worden war – jetzt verwirklicht sie sich ohne weiteres Zutun, gleichsam als ob die Zeit schneller gereift wäre. Bak hat sich, ganz unerwartet für mich, entschlossen, die in New York ausgesprochene Einladung anzunehmen und mich in Deutschland zu besuchen.
Ein minuziös festgelegtes, sehr umfangreiches Programm, in dessen Mittelpunkt eine private Vorführung des Films steht, wird ihn erwarten. Ein Fernsehinterview mit einer anderen Fernsehanstalt, Gespräche mit interessierten Museen in Frankfurt, Düsseldorf und Nürnberg, eine erste Fühlungnahme mit einem Verleger und die Drucküberwachung einer ersten deutschen Grafikedition werden die Woche im wesentlichen ausfüllen. Wird überhaupt Zeit bleiben, unser privates, ganz persönliches Verhältnis weiter zu vertiefen?

„Soeben gelandet – Gate 16, El Al 652 aus Tel Aviv!"
Was über so viele Jahre immer wieder aufgeschoben, jetzt ist es unwiderruflich geworden. Der Boden unter seinen Füßen ist deutscher Boden. Ängstlich schaue ich mich um. Die Ankunftshalle überfüllt. Neugierige Touristen, Besucher, Abholer – eine anonyme Masse Ungeduldiger und Erwartungsvoller. Was schon bei mir zwiespältige Gefühle hervorruft – ein um so viel bedenklicherer Anblick für ihn.
Seine Schritte, unsicher noch, als ob sie den Boden erst prüften. Ängstlich sucht mich sein Blick unter der Menge der Wartenden. Ein Lächeln, zu ängstlich noch, um schon zur Freude zu werden.
„Schalom, Rolf! – Danke!" – „Schalom, Samy! – Danke!"
Seine Hand streckt sich mir entgegen, zögert einen Augenblick und zieht mich dann doch zur Umarmung an sich heran.

Auf der Fahrt durch die Stadt. München – das ist heitere, lebensfrohe Stadt, Tradition und bedeutungsvolle Geschichte, das sind unvergängliche Bauwerke und glanzvolle Museen – München, das ist aber auch Stadt der Bewegung, Geburtsstätte und Ausgangspunkt eines ganzen barbarischen Zeitalters – das sind Feldherrnhalle, Hofbräuhaus und Dachau. Wird er die Vielgesichtigkeit in Einklang bringen?
Auf dem Weg zu meinem Haus westlich der Stadt. Schweigen und ein Gesicht, das sich immer wieder wundert, daß alles, was es erschaut, Deutschland ist. Ich dränge nicht. Er braucht noch Zeit, um sich an den neuen Gedanken zu gewöhnen. Zu Hause. Gudrun wartet mit dem Essen auf uns. Ihre Selbstverständlichkeit löst vieles auf. Frauen haben es leichter. Sie muten sich nicht so viel zu und halten das, was sie versprechen.
Als wir spät nachts zu Bett gehen, geht ein langer, unbequemer Tag zu Ende. Die meisten Stunden voller Zwiespalt und Unsicherheit. Den Weg mehr getastet als gegangen. Fragen, nur gestellt, die Antworten vorerst aufgeschoben. Auf beiden Seiten zu bewußte Vorsicht, zu große Rücksichtnahme. Das Wiedersehen mehr getrübt als erfüllt. Wir müssen beide erkennen, daß der gangbare Grat noch immer schmal ist, vielleicht zu schmal für unsere unterschiedlichen Vergangenheiten.

*Am nächsten Morgen*
Fernsehinterview. Hektik, Probleme mit Lichtanschlüssen, Warten.
Bak: interessiert, geduldig, bescheiden, abseits.
Der Interviewer: intelligent, zurückhaltend, menschlich.
Die Fragen ohne die Glätte eines endlos wiederholten Schemas.

*Auszüge aus dem Interview*
Interviewer: Wir haben über Ihre „Malerei heute“ gesprochen, aber was kommt danach? Ist es nicht eine Malerei ohne Ausweg? Stößt diese Art zu malen nicht notwendigerweise bald an ihre Grenzen? Erschöpfen sich nicht Ihre Bildinhalte?
Bak: Für einen Mann, der so wenig Deutsch spricht, zu viele Fragen auf einmal. (Ein leichtes, entschuldigendes Lächeln.) Zuerst: Kunst meint Ausdruck und Form gleichermaßen. Das eine läßt sich vom anderen nicht trennen. Sprechen wir also zuerst über ihren Ausdruck, ihre Inhalte. Kunst hat nur dann ein Ende, wenn das Leben ein Ende hat. Solange das Leben weitergeht, geht auch die Kunst immer, immer weiter. Solange die Welt sich täglich ändert, stündlich ein neues Gesicht zeigt, gibt sie mir genügend Stoff für immer neue und andere Bilder.
Aber dreht sich die Welt nicht nur im Kreise, variiert sie nicht nur ihre Schrecken und ihre Schönheit? Und wird so der Beschauer in Ihren Bildern nicht auch nur Variationen des immer gleichen Themas sehen? Ich glaube nicht, daß sich die Welt nur variiert. Vermehrt und steigert sie ihre Schrecken nicht von Tag zu Tag?

Also werden auch Ihre Bilder ihren Ausdruck steigern. Aber wie weit kann man Schrecken in der Kunst steigern? Kommt nicht der Augenblick, wo das Bild dem Druck nicht mehr standhält? Und der Maler, wie weit kann er gehen, ohne daran zu zerbrechen?

Das weiß man erst am Ende.

Haben Sie Angst vor dem Tod?

Sicher – ich liebe das Leben!

Obwohl es sich Ihnen mehr von seinen grausamen Seiten gezeigt hat.

Gerade darum. – Aber wir sprechen immer nur von der Welt, die uns umgibt – vergessen Sie nicht den Maler Bak und die Menschen, für die er seine Bilder schafft. Ich bin ein Mensch mit einer eigenen Entwicklung, mit einem eigenen Schicksal und einem eigenen Willen. Ich versuche immer weiter in mich selbst vorzudringen in der Hoffnung, irgendwann die eigene Mitte zu erreichen. Auch wenn es nur unvollkommen gelingen wird, allein mein Wille dazu wird die Wirkung meiner Bilder auf den Betrachter erhöhen, denn ich werde mich immer mehr auf das Wesentliche konzentrieren können.

Sie streben die absolute Vollkommenheit in Ihren Bildern an?

Welcher Mensch tut das nicht. Es ist das Problem des Menschen schlechthin. Dafür lebt er. Ich bemühe mich jeden Augenblick meines Lebens darum und weiß doch, ich werde sie nicht erreichen und würde ich ein ganzes Leben an einem einzigen Bild malen.

Lassen Sie uns über die Form sprechen. Ist die schon erreichte technische Perfektion einer Weiterentwicklung nicht eigentlich schon hinderlich?

Qualität hat keine Grenzen. Man kann immer und immer noch besser malen.

Mir scheint die Feinheit Ihrer altmeisterlichen Malweise kaum noch übertreffbar. Man vergleicht die Akribie Ihrer Malerei mit der alter Niederländer oder italienischer Renaissancemaler.

Sehen Sie, es kommt doch einfach nur und ausschließlich auf die Wirkung an. Die Technik ist nur dazu da, die Bildinhalte maximal wirksam werden zu lassen. Mit neuen Bildinhalten wird es vielleicht notwendig werden, die Technik zu ändern.

Ihre Vorbilder, Ihre Lieblingsmaler?

Alles was gut ist – 2000 Jahre Kunst, eine ganze Enzyklopädie voller wichtiger und großer Namen. Von Giotto über Rembrandt, Picasso zu Mondrian und Klee.

Malerei wie die Ihrige hat auch immer etwas Manieristisches.

Heute gibt es die verschiedensten Formen von Manierismen – expressionistische, abstrakte, konzeptionelle. Viele Maler haben sich nach der Kristallisierung ihrer individuellen Ausdrucksform in den engen Grenzen ihres Stils gefangen, und auch das kann man Manierismus nennen. Ich denke an Modigliani, Braque, Giacometti, Jackson Pollock – nur, wenn es zu einer sehr hohen Qualität gekommen ist, hören wir einfach auf, es Manierismus zu nennen.

Werden wir einmal Bilder sehen, die frei sind von schrecklichen Erlebnissen, die weniger assoziativ sind, deren Metapher und Symbole weniger an die Vergangenheit erinnern?
Es ist weniger die Vergangenheit als die gegenwärtige Situation des Menschen, die mich interessiert. Leider ist diese grausam. Zu Ihrer Frage – sicher, wenn die Menschen aufgehört haben werden, in Grausamkeiten und Schrecknissen zu denken, dann werden auch meine Bilder frei von ihnen sein. Ob und wann das der Fall sein wird, darauf habe ich keine Antwort.
Sehen Sie eine Hoffnung?
Vielleicht! – Eine Hoffnung bleibt immer.

*Die Reise*

1. Station: Korntal, eine der zahlreichen kleinen schwäbisch-behäbigen Vorstädte Stuttgarts. Unansehnlich, unbedeutend, unauffällig. Seine Menschen: fleißig, sparsam, redlich. Aber inmitten all dieses Mittelmaßes die Werkstatt des Hans-Peter Haas, des vielleicht bedeutendsten lebenden Siebdruckers. Große, wichtige Maler der Gegenwart haben hier gearbeitet, Max Ernst, Chagall, Lindner, Botero, Rauschenberg, Christo, Marini.
Man sieht es dem kleinen, schmächtigen Mann in den ausgebeulten Kordhosen nicht an, daß er ihrer aller Hochachtung genießt. Bak und Haas arbeiten bis spät in die Nacht hinein und auch den ganzen nächsten Tag an zwei Siebdruckblättern.
Kunst erklärt sich wieder von Können. Handwerk wächst weit in schöpferische Bezirke hinein. Nach mehr als dreißig Sieben endlich das gewünschte Ergebnis, hochwertig und ohne Einschränkung: perfektionierte Umsetzung malerischer Intuitionen in Druckgrafik.

Am nächsten Abend eine Einladung beim greisen Ernst Bloch, Nestor unter den marxistischen Philosophen. Ich hatte mich noch rechtzeitig erinnert, die Ideen Hertzls hatten nie Blochs Billigung gefunden, marxistische Überzeugungen standen ihnen entgegen. Aber die leidenschaftlichen Angriffe lagen lange zurück. Die Zeit hatte ihm Unrecht gegeben. Das jüdische Volk hatte seinen Staat stark und selbstbewußt gemacht. Aber ich hatte den Philosophen vergessen, der uneinsichtig verharrt, weil er sein Denkgebäude bedroht sieht.
Bak ist vorbereitet, antwortet vorsichtig, um den Spielraum für Gespräche nicht schon am Anfang zu verschütten. Und doch überrascht die hartnäckige Weigerung, Realitäten anzuerkennen, Wirklichkeiten zu akzeptieren. Israel – der neue Staat der Juden, die geschichtlichen Zusammenhänge seiner Entstehung, seine gegenwärtige Bedeutung, seine politische Notwendigkeit – das meiste ist nicht erkannt. Jude, verweigert er noch immer seinem Volk die Berechtigung des eigenen Staates. Die Reaktionen Baks in der Sache eindeutig, in der Form mit der Nachsicht des Eingeladenen. Die erhofften Denkanstöße bleiben aus, das Ge-

spräch pendelt zwischen Höflichkeiten, vorsichtiger Neugier und lapidaren Bekenntnissen, undeutlich, irritierend. Interesse an der Arbeit Baks, aber auch Begeisterung für Richard Wagner, Liebe zu Karl May und Freude an chassidischen Erzählungen. Eine Welt, zu verwirrend, als daß Bak sich darin zurechtfinden könnte. Andere Aspekte der Multiplizität deutscher menschlicher Landschaften. Auch Bloch ist ein Stück Deutschland.

Vom tüchtigen, arbeitssamen Schwaben Haas zum intellektuellen assimilierten jüdischen Marxisten Bloch – der Bogen spannt sich nur schwer an einem einzigen Tag.

Spät in der Nacht, auf dem Nachhauseweg im Auto. Die Kombination von rationaler Philosophie und chassidischem Mystizismus läßt uns bedrückend nachdenklich sein.

Heute abend muß es Bak endgültig klar geworden sein, daß er sich nicht in einer einzigen Woche eine Idee von Deutschland schaffen kann. Zu groß sind die Kontraste, die Widersprüche allgegenwärtig.

Ein großer alter Mann, aber der erbaute Gedankendom ragt nur noch unsicher und schwankend in den Himmel. Die Enttäuschung ist unverkennbar. Die Schlüssigkeit des Erdachten scheint fraglich geworden. Ein ganzes Menschenleben in vergeblicher Erwartung praktischer Bestätigung und Beweise. Geblieben nur der Rückzug auf die reine Leere. *Prinzip Hoffnung*, gewaltiges Denkwerk in der Reife des Lebens, Bloch schenkt zum Abschied seinem Gast die Taschenbuchausgabe und versieht sie mit einer Widmung. Ein versöhnliches Ende eines problematischen Abends.

Unser nächster Besuch gilt Frankfurt, einstmals unbestrittenes Zentrum jüdischen Geistes- und Handelslebens in Deutschland. Dr. Bussmann, kompromißlosester unter der Avantgarde deutscher Museumsdirektoren, erwägt eine erste deutsche Bak-Ausstellung im Städtischen Kunstverein Frankfurt im Herbst 1977. Die Kunsthalle Düsseldorf und das Germanische Museum Nürnberg wollen sich anschließen.

Bak sieht mit viel Interesse eine gerade eröffnete body-art-Ausstellung. Er bejaht konzeptionelle Kunst als eine der wichtigen und aktuellen Formen, die die neue Generation von Malern beschäftigt.

Bak glaubt, auch wenn sein Stil für den oberflächlichen Betrachter weit entfernt scheint, in ihren Ausdrucksformen sehr viel Nähe zur eigenen Malerei gefunden zu haben. In der Komplexität von Baks Malerei sind viele konzeptionelle Formen und Ideen spürbar, nur sind sie durch einen Stil ausgedrückt, der die grausamen und schrecklichen Inhalte durch Verkleidung in altbekannte Formen akzeptabler macht.

Am Nachmittag ein von mir in das Besuchsprogramm eingeplantes, Bak gegenüber bisher noch verschwiegenes Zusammentreffen. Frau Bubis, eine sympathische, geschäftstüchtige Vierzigerin mit dem Charme der reifen Frau, hat die Nachkriegsjahre wie Bak im Auffanglager Landsberg verbracht, einem Internierungscamp für Verfolgte und Verschleppte aus Gettos und Konzentrationslagern. Über viele Umwege hatte sie meine Adresse in Erfahrung gebracht. Bak, das ist ein Bindeglied zurück zur Vergangenheit, aus der sie sich das Recht holt, Anteil an seinem Ruhm zu nehmen. An der Wand hängt ein kleines Ölbild mit einer persönlichen Widmung. Die Begrüßung mit viel Sentiment. Gute und schlechte Erinnerungen werden wachge-

rufen, Lücken ausgefüllt, Namen aus der Vergangenheit zurückgeholt. Zwei Menschen, unterschiedlicher in Charakter und Lebensweise kaum denkbar, aber stark verbunden durch gemeinsam Erlittenes.
Und dann unerwartet selbst für mich: Sie hat das Fernsehportrait auf Video-Tape aufgezeichnet und hofft, uns damit zu überraschen. Die geplante Vorführung vor geladenen Verlegern, Museumsdirektoren und Freunden, wie dem gerade in München weilenden Ephraim Kishon, wird wie eine Generalprobe vorweggenommen. Ich sollte ärgerlich sein, bin es nicht, weiß ich doch, wie sehr sie diesen Augenblick vorbereitet hat, welches Glück es ihr bedeutet, die Überraschung gelungen zu sehen. Die Spontaneität des Augenblicks muß die langsame und behutsame Einstimmung, wie ich sie mir vorgenommen hatte, ersetzen. Der Raum taghell, Bild- und Tonqualität lassen zu wünschen übrig, sind nicht vergleichbar mit der einer Originalkopie.
Ich mache nicht einmal den Versuch, notwendige Erklärungen zu geben. Ich bin nur unruhig, suche ängstlich in seinem Gesicht nach Reaktionen. Wie wird er die Umsetzung seiner Bilder, seiner Person aufnehmen? Sein Gesicht bleibt verschlossen, aber ich spüre, alles in ihm arbeitet, prüft kritisch sich und meine Arbeit, sucht immer wieder neue Kraft, mit dem Gesehenen fertig zu werden.
Als er am Ende ohne Worte bleibt, nur die geröteten Augen seine Erregung zeigen, weiß ich, daß ich seine Zustimmung habe.

Deutschland – ich bin immer wieder unsicher, ob in diesen kurzen Momentaufnahmen sein Gesicht deutlich geworden ist, ob es sich Bak überall und unverkennbar in dem oft beschworenen neuen Geist gezeigt hat. Deutschland – ich glaube fest daran, daß es nicht wieder einmal nur Selbsttäuschung ist, Zweifel an seiner ehrlichen Erneuerung müssen zurückgewiesen werden.
Am Ende unserer strapaziösen und sicher eher problematischen Reise – Nürnberg. Wir sind einer Einladung der dortigen Dürer-Gesellschaft gefolgt, die sich schon früh entschlossen hatte, das Werk Baks auszustellen. Der Maler und Grafiker Mathias Prechtl, Initiator vieler wichtiger und international beachteter Ausstellungen, wie der *Hommage aux Dürer* anläßlich des Dürer-Jahres, führt uns durch die mittelalterliche Stadt des großen deutschen Malers und Zeichners. Ich erinnere mich an den *Traveller,* Baks monumentales Tryptichon aus den frühen siebziger Jahren, vor dem ich wenige Wochen zuvor erst im Jüdischen Museum in New York gestanden habe, mein „deutsches Gefühl“ bis tief ins Herz getroffen. Aber wenn auch diese moderne Deutung und Umsetzung der Melancholia die geistige Auseinandersetzung mit dem Werk Dürers eindrucksvoll dokumentiert, die künstlerische und handwerkliche Nähe Baks zu dem großen Meister der Renaissance wird erst voll und zwingend in seinen Handzeichnungen und Bleistiftstudien sichtbar. Die Genauigkeit und Klarheit des Strichs, die Präzisierung und völlige Durcharbeitung des Themas mit den sparsamen Mitteln der Zeichnung, die Fülle feiner Details, die sich wie zufällig zur Dichte der Aussage fügen, die kraftvolle und doch behutsame Handhabung des Bleistifts, der nie unkontrollierte Fluß der Feder, die Weich-

heit des Pastellstifts, die doch nie undeutlich und verschwommen wird, die erreichte Perfektion und Leichtigkeit, all das erinnert an den genialen Zeichner und Radierer aus dem fünfzehnten Jahrhundert.

Wir nähern uns dem Germanischen Museum, aber Verkehrslärm und Auspuffgase lassen keine Einstimmung zu, verdrängen noch jede Vorstellung von Erhabenheit und Größe des uns Erwartenden. Als ob ich mich schuldig fühlte, Verrat übte, einen Fluchtweg aus der Gegenwart suchte, wende ich mich noch einmal zurück. Unser Jahrhundert mit seinen sicher eher zweifelhaften Errungenschaften hat auch vor den ehrwürdigen Mauern dieser alten Reichsstadt nicht haltgemacht, wie sollte es auch. Die Zeit, als sich die Stadt rühmte, südlichste deutsche Kunstmetropole zu sein, die Veit Stoss und Dürer zu ihren Söhnen zählte, scheint bei ihren Bewohnern fast vergessen, bei Besuchern und Touristen eine eher fragwürdige Attraktion. Die Zeit bleibt ausgesperrt, als wir endlich eintreten, aber die Stille, die uns empfängt, ist eher eine Stille des Mißtrauens. Unruhe hat sich seines Gesichts bemächtigt. Das Zucken der Mundwinkel, das Flattern der Augenlider, alles verrät die Anspannung. Die Erwartung ist groß, aber größer vielleicht noch die Angst, daß sie sich erfüllt. Alles, was sich in Jahrzehnten an Vorbehalten, Skepsis und Ressentiments aufgestaut hat, hier in der deutschesten aller Städte, im deutschesten aller Museen, von den deutschesten aller Bilder sucht es nach Befreiung. Seine Hände versuchen vergeblich Nervosität und Anspannung zu verbergen. Auch ich bleibe nicht unberührt, spüre den besonderen Augenblick, die Einmaligkeit der Gelegenheit, den zu lange aufgeschobenen Frieden endlich zu schließen. Er sucht meinen Blick, aber ich will nicht helfen, will, daß er selbst die Kraft zur Entscheidung findet. Und dann fällt sie auch schon in Sekundenschnelle, als er ihnen gegenübertritt, den Dürers, Altdorfers und Baldung Griens. Ungläubig zuerst, dann voller Staunen und schließlich nur noch erschüttert. Was ich hoffte, hat sich bestätigt, seine Liebe zur deutschen Musik und deutschen Malerei sind Bindungen, die immer geblieben sind und die nie durch die Geschichte dieses Jahrhunderts berührt wurden. Das Zusammentreffen mit den Meisterwerken deutscher Malerei des fünfzehnten Jahrhunderts ist zum entscheidenden Erlebnis seines ersten Deutschlandbesuchs geworden. Schweigend durchschreiten wir die Kunstgeschichte, aber unsere Seelen sind über Grenze, Zeit, Kultur und Glaube hinaus tief berührt.

*Am Tag der Abreise*

„Ich war lange in Zweifel, ob ich die Kraft aufbringen würde. Ich bin jetzt ganz sicher, ich würde keine Ruhe finden, wenn ich es jetzt und heute nicht auf mich nähme. Ich bitte Dich, laß mich den Weg nicht alleine gehen!"

Es war sieben Uhr morgens, als wir gemeinsam das ehemalige Konzentrationslager Dachau betraten, der Maler Samuel Bak und der Herausgeber dieses Buches.

Lieber Rolf,

es ist noch zu früh, alle meine Gedanken, die mich nach meinem Besuch in Deutschland noch immer stark erregen, zu ordnen und die sehr intensiven Erlebnisse, die dort auf mich eingestürzt sind, richtig und gerecht zu beurteilen.

Zu viel Neues, zu viele unerwartete Erlebnisse und im Mittelpunkt meine erste Begegnung mit dem Film, den Du geschaffen hast. Das Ungewöhnliche, mich mit mir selbst konfrontiert, mich außerhalb meines eigenen Ichs zu sehen – unkontrollierbar, nur noch tatenloser Zuschauer –, all das war erschreckend und beruhigend zugleich, hatte ich doch immer das ganz sichere Gefühl, bei Dir in guten Händen zu sein. Deine Sensibilität, mit der Du alles so gut verstanden, Dein Einfühlungsvermögen, mit dem Du all meine Intuitionen erfaßt hast, wie sehr verantwortungsvoll und doch behutsam Du Dich den schwierigen Fragen gestellt hast, das alles zu sehen, hat mich glücklich gemacht.

Die Wärme Eurer Gastfreundschaft, die Sorge, mit der Du und Gudrun mich immer umgeben und begleitet haben, wohin wir auch immer gegangen sind, war eine unschätzbare Hilfe. Alles ist mir so viel leichter und angenehmer gefallen als ich es mir vorgestellt hatte. Wie kann ich die Worte finden, um Euch für all das zu danken.

Ich habe sehr oft daran gedacht, ob ein Besuch in Deutschland möglich gewesen wäre, der Dachau ausgeschlossen hätte.

Ich habe Angst gehabt, der Vergangenheit so nahe gegenüberzustehen und viele Freunde haben mir abgeraten, weil die Erschütterung groß sein und ich lange Zeit brauchen würde, um mich von einem solchen Erlebnis wieder zu erholen.

Heute bin ich sehr dankbar, daß ich den Mut aufgebracht habe. Heute glaube ich mehr als je zuvor, daß man vor den Erinnerungen nicht weglaufen kann. Nur wenn wir die Lektionen lernen, die uns die Vergangenheit aufgibt, werden wir mit der Gegenwart Frieden schließen können.

Heute weiß ich, daß dieser Besuch in Deutschland nur ein Anfang war. Meine Pläne in Europa und Deutschland werden uns die Möglickeit geben, uns oft wiederzusehen und unsere Freundschaft noch weiter zu vertiefen.

Ich erwarte schon mit Ungeduld die Wochen des Sommers, die wir gemeinsam in Südfrankreich in Deinem Haus verbringen wollen. Wir werden dann viel Zeit haben, uns an diese Tage zu erinnern und Pläne für die Zukunft zu machen.

Aber das, was mich am meisten bewegt hat, war Deine so ganz persönliche starke Anteilnahme auf dem gemeinsamen, so schweren und schmerzhaften Gang nach Dachau, glaube ich doch, daß es viel Mut braucht, um sich den so sehr belasteten Gefühlen zu stellen. Alle wunderbaren und so nachhaltig empfundenen Stunden vorher verblassen gegen die Intensität dieses einen Erlebnisses. Noch in der Nacht des gleichen Tages, zurückgelehnt in die Polster einer Boeing, die mich auf meinem Flug über Paris nach New York brachte, habe ich viel über uns nachgedacht.

Ich habe uns langsam durch die stille Weite gehen sehen, gefangen in den Denkmälern der Vergangenheit, aus denen sich zu befreien unmöglich geworden scheint. Ich konnte den Klang unserer Schritte hören, die sich wie ein Echo in der klaren Morgenluft wiederholten. Wir sprachen kein Wort. Wer könnte auch den Mut finden, die Stille zu stören, die überall so bedeutungsvoll spürbar war. Die stumme Sprache der Baracken, die lautlosen Vorwürfe von Fotografien und Dokumenten herab, die häusliche Sauberkeit der Krematorien zwischen harmlos grünenden und blühenden Bäumen, all das schien so unendlich weit und doch so nah.

Eine Welt, fremd und unverständlich wie ein anderer Planet, mit einer Wirklichkeit, die als unsere eigene anzuerkennen sich unser Geist weigert und für die er keine Worte finden kann. Schmerz, Leiden, Zorn und Schande waren unausdrückbar geworden. So wie in der Kunst oft das Wichtige und wirklich Bedeutende nicht mit Worten erklärbar ist, scheint mir, ist es auch mit der Freundschaft. Was wir so stark und intensiv fühlen, daß es uns sprachlos macht, teilt sich uns doch über das, was wir Seele nennen, mit.

In diesen wenigen Stunden der Stille haben wir uns mehr gesagt, als Worte es je könnten. Und ich glaube, daß dieser Tag zu einem wichtigen und starken Glied in unserer Freundschaft geworden ist. Ich denke, unsere Gemeinsamkeiten sind so groß geworden, daß wir den stillen Dialog weiterführen, auch wenn uns ein ganzer Ozean trennt.

Mit aller meiner Freundschaft

Samy

# Monuments to our Dreams

Encounter with the painter Samuel Bak
in sketches, letters, records

*Biographical Data*

1933
Born on August 12 in Vilnius, Poland.

1937
In the course of a strong wave of antisemitism, his parents take him away from the Polish kindergarten; he enters a Jewish kindergarten, where he learns Yiddish.

1938
The Jewish poet, painter and musician, Arno Nadel (his mother's uncle) from Berlin, encourages him to devote himself entirely to art.

1939
Vilnius comes under Russian occupation. His first day at school is also his last; Russian indoctrination frightens him away.

1940
Vilnius comes under German occupation. His father is recruited into a work camp; his grandparents and other relations are murdered in the forest of Ponary; mother and son are imprisoned in the Vilnius ghetto; they manage to escape and find refuge in a Benedictine monastery.
The occupation of the monastery by the Germans forces them back into the ghetto.

1942
First exhibition of drawing in the Vilnius ghetto.

1943
Immediately before the destruction of the Vilnius ghetto he is carried off by the S.S., along with his parents, to the H.K.P.-camp on the outskirts of Vilnius.

1944
Just a few days before the liberation of Vilnius by the Russians, his father is shot to death in the camp.

1945

He begins to study art under a professor from the Academy of Vilnius. End of the Second World War. Mother and son flee from Vilnius. Their goal is Palestine. They cross through Poland and Germany and steal over the border of the American occupied zone. They are sent to the D.P. camp in Landsberg.

1946

First attempts at a general school education by amateur teachers. Languages on the curriculum are Polish, Yiddish, Russian, German and Hebrew.

1946–1948

He studies painting in Munich under Prof. Blocherer and discovers the art treasures of Bavaria.

1947

His mother married Nathan Markowski, one of the prisoners who had been liberated from the concentration camp in Dachau, and whose wife and children had been killed under the Nazi regime. On a circular tour of the Jewish refugee camps, Ben Gurion visits the exhibition of his dıawings in Bad Reichenhall. The first dated works are published in *Vorwerts,* New York. An encounter with modern Art in a big exhibition in Munich with works loaned from the Musée de l'Art Moderne, Paris, leaves him deeply impressed.

1948

He sets out via France on an illegal journey to Palestine, arriving in the newly founded state of Israel during the war of independence.

1949

Settles in Tel Aviv.

1952

Accepted into the Bezalel Art School, Jerusalem.

1953–1956

Military service with the Israeli fighting forces.

1956

Designs sets and costumes for the Habimah and Ohel Theatres, Tel Aviv. Receives first prize for art from the American-Israeli Culture Foundation; travels to Paris, where he is accepted into the Beaux Arts and studies under Prof. Jean Souverbie.

1957
Studies stage scenery painting in England and France with a scholarship from the International Theatre Institute.

1959
Marriage to art student, Annalisa Cantoni. Removal to Rome. First solo exhibition with semi-abstract cityscapes in the Galleria Schneider, Rome.

1960
Birth of first child – Daniella.

1961
Invitation to exhibition at the Carnegie International, Pittsburgh. Second solo exhibition in the Galleria Schneider, Rome.

1962
Birth of second daughter – Ilana.
Participates in "Forms Today" in the Bezalel National Museum, Jerusalem.

1963
Solo exhibition with abstract collages in the Galleria Liguria, Rome. Travels and extended stay in Israel. Solo exhibition in the Museum of Modern Art, Tel Aviv and in the Bezalel National, Jerusalem.

1964
Designs sets for leading Israeli theatres and for the National Theatre, Berlin.

1965
Solo exhibitions in Rome, London and Brussels; participation in various international exhibitions of contemporary art.
Development of his present style.

1966

Exhibition in the Galleria Schneider, Rome. Resettlement in Israel. Solo exhibition in the Gordon Gallery, Tel Aviv.

1967

Solo exhibition in the Roma Gallery, Chicago; an extensive selection of his pictures is exhibited in the "Image and Imagination" exhitition in Tel Aviv.

1968

Solo exhibition in the Modern Art Gallery, Jaffa, in which many pictures with the theme "Metamorphoses of Pears" are exhibited.

1969

Solo exhibition in the Pucker/Safrai Gallery, Boston; a group of his works is exhibited in the Fuller Memorial, Brockton Art Center.

1970

Move to newly set-up studio near Tel Aviv. Solo exhibition in the Bronfman Cultural Center, Montreal.

1971

Birth of third daughter – Michal.

Exhibition in the Hadassah "K" Gallery, Tel Aviv, in which new versions of the "Chess pictures" are exhibited for the first time. First visit to the USA on the occasion of an exhibition in the Pucker/Safrai Gallery, Boston. Death of his mother.

1972

Death of his stepfather after a prolonged illness.

1973

Solo exhibition in the Hadassah "K" Gallery, Tel Aviv; first pictures of metal-winged figures.

Stay in New York for the purpose of studying. Fitting out of a studio there.

1974

Solo exhibition at Aberbach Fine Art, New York. The first comprehensive monograph appears.

1975

Second solo exhibition at Aberbach Fine Art, New York. Exhibition of his most important pictures in the Jewish Museum, New York. Work on the film "Autumn of the World – Samuel Bak, a Painter from Israel" (Zweites Deutsches Fernsehen); reports and interviews on the culture channels of various American television companies.

1976

Retrospektives in the Rose Museum, Boston.
"Pictures of Flight and Destruction" (Film report appearing on the Erstes Deutsches Fernsehen).
Solo exhibition in the M. Berger Gallery, Pittsburgh.

1977

Solo exhibition in the Ketterer Gallery, Munich.
Beginning of a two-year "Retrosepctives" travelling exhibition through important German museums, including the Germanisches Nationalmuseum, Nuremberg, Kunstmuseum, Düsseldorf, Rheinisches Landesmuseum, Bonn, Kurpfälzisches Museum, Heidelberg.
Baks pictures are to be found in the possession of many important museums and private collections.
The bibliography indicates, besides many catalogues, numerous publications in American, Israeli und European art magazines, journals and newspapers.
Samuel Bak lives and works today in Tel Aviv and New York alternately.

*17th April 1972*

Yafo, the older quarter of Tel Aviv. The season of the hot desert winds. The dry leaves of ancient olive trees drift from the neighbouring gardens on to the wide, deserted square. The downtrodden stones of the old steps burn under my feet. Fatiqued by the burning sun, seeking the protection of thick, cooling walls, I enter the tangled labyrinth of shady narrow streets. A tourist? – no, more: a friend of the new Israel who returns again and again. Interested as I am in art and painting I never miss visiting the Gallery of Modern Art. A cold shiver runs the length of my perspiring back. I am spell-bound by a picture. *Galatea*, the mythological statue, brought to life by the grace of the gods, is transformed into stone again before my eyes. I imagine, I can hear her smothered moan. Salvation or damnation? Lost or retrieved reality? The low ceiling seems to press downwards even more under the power of the picture, the whitewashed walls seem to move towards each other under the influence of its mysteriousness. A painter of new, fascinating expressiveness. The accuracy of the Old Masters, never seen hitherto in modern art, bears witness to the school of the Italian Renaissance. It is frighteningly contemporary, and yet I cannot comprehend it. A painting full of riddles I cannot solve. I can only be moved by the painting.

The owner of the gallery, an elderly lady with a wrinkled face marked by suffering and with dyed ashblonde hair, comes up to me, addressing me in a strong Russian accent like an old friend. "Bak – a great artist!" She speaks with pride, as if speaking of Israel, "Samuel Bak!", almost tenderly she adds the first name. And then cautiously, with a hint of apology, "I cannot sell you the painting. You are German – a friend, I'm sure, but" – a regretful shrug of the shoulders, – "Bak doesn't sell to Germans!" The air of finality with which she says it forbids all further questioning.

*The evening of the same day*

I am lying in my hotel room. Doubts arise in my mind. Bak doesn't sell to Germans – I don't want to content myself with this answer. The finality disturbs me. I want to be convinced myself. Bak – the telephone book is no help. The name means nothing to the porter. Friends promise to call back when they find something out. At last! Zvi Spielmann, a film producer I am friendly with, has the address and telephone number. I lie awake for a long time and search for my guilt. Questions throng in my mind, overpowering questions, but the answers remain useless and pitiful. Discouraged, I lapse into a disturbed and broken sleep.

*18th April 1972*

The next morning. Dreams full of dark and heavy meaning have been tormenting me. But with the new day fresh courage cautiously begins to grow. "You remain German in spite of everything" – I resist this idea of collective guilt and dial the number. I am in luck, he answers himself. I do not want to deny my heritage and ask him in German whether I might visit him in his studio. A deep, almost wary voice seeks excuses in perfect English. An exhibition, for which he must paint and which leaves him no spare time. A politely, reserved apology, "Shalom, perhaps next time you come to Israel". Then a long restrained pause before he hangs up, almost fearfully. It is my last evening in Israel. Early the next morning I fly back to Germany. For the first time it will be a parting full of doubts. Doubts whether, hidden behind the thousand gestures of reconciliation and friendliness I have experienced in this country, there is not after all another reality. Fallacies ? Wishful thinking? I will board the Swiss Air Boeing feeling depressed and unsure. Shall I ever return?

Two years later. Once more my last day in Israel. "Bak doesn't sell to Germans" – I have never forgotten this. Even though it is a long time since my last visit, that day is vividly present in my mind. – Galatea, the power and the fascination of an unusual picture, but at the same time the recollection of the humiliating rejection by its creator. For days now I have been reaching for the telephone, and then at the last moment I lack the courage to dial his number. Perhaps another time. And then, suddenly I know that I should hesitate no longer, I must face up to the past once more, now, today I must discover the answer. Determined, I dial the number. At first the expected annoyance, the search for new excuses. But then, when I refuse to be content with these, he reconsiders. No longer so firm, there is a trace of uncertainty: "I remember you calling before. It must be two years ago now." And then after a seemingly endless pause: "If you wish, you may come this evening. Perhaps this is a good day for it!" After I have hung up, relieved, I ask myself a good day for what?

*The evening of the same day*

In the taxi on the way to Savyon. A feeling of uneasiness about the longed for meeting, but at the same time excitement about what awaits me. A young girl opens the door and leads me into a spacious hall. My eyes have to get used to the gloom. A series of disconcerting pictures on the wall, unmistakably the work of the painter. Lighted candles on the mantelpiece. The wind blowing in through the open French windows makes the flames flicker. I do not know what they are there for, but I have a growing feeling that oppresses me so much that I can hardly breathe – and then I am certain. The candles do not serve a decorative function, are not intended to create atmosphere. For a moment I imagine I can see them burning in front of yellowing and blurred photographs. Children, men and women in the prime of life, painted from memory, seem to surge into the room. "Perhaps this is a good day for it!" My God! What is today? I have no time to think about it. Bak is standing in the door. A small, slight man in washed out jeans. His long, tapering fingers folded as if in prayer. His face hidden behind a black beard, a prophet-like seriousness about it. The mouth cut by lines of gentleness and grief. Behind the rimless glasses eyes full of humility and sadness. A face like the pain-filled history of the Jews themselves. But yet I am not confronted with a reproach for two thousand years persecution and degradation. Reserve, not rejection, not even distrust. A slight bow of the head, almost shy. His hands remain folded. The studio is impressive with its sober furnishings. *The Family* is on the easel – a monumental picture of cruel reality. I now know that this is one of the most important works Bak has ever created. A collection of faces and figures, as in a large group portrait. Enigmatic faces. Memory guided the hand of the painter to lay bare the hopeless struggle to gather round him once more the images of all those who are no more. Some have come back as flat, two-dimensional faces. Others as incomplete monuments now revealing only a part of their former nature. During a later conversation and in another place I discover that this group is dominated by the face of his great-grandfather, an extraordinary man with a brilliant gift for technical inventions. Beside him is Bak's grandfather who was wounded in the Russo-Japanese War, and then all the other members of their families who died in the wars, shot and gased in concentration camps. They lived in their pre-war paradise, facing blindly the fate that awaited them. Tormenting dream figures in varying stages of livelikeness. It is a whole generation later that Bak's memory recalled the faces of his lost family, but he can only see them indistinctly and fragmentarily. From a nomans-land between life and death they exhort eternal vigilance.

Bak is still silent and leaves me alone with my thoughts, he does not help me in my distress. Where should I hide my guilt? The picture accuses me like a judgement of God with guilt too heavy to be borne alone. "The still-lifes will help you." At last, conciliatory words which relieve my distress. His English is spoken with the warm eastern accent of the Jews. "These are all pictures for my New York exhibition in autumn." He leads me from one picutre to the next. Still-lifes of oppressing beauty. The life in them full of disquiet, full of things that are not what they seem. Things that fall apart when they are intended to support. Held up by props. Fruit that cause the teeth to drop out. Materials as heavy as stone. Welded together by rivets, shored up by supports, yet an aura of eternity clings to them. Moved, I find the words leaving my lips, "A lot had to happen in the world to bring us so far from the still lifes of Cézanne and Matisse." The first hint of a smile, ending in an almost imperceptible nod. Tremulations, hardly mensurable but present. I summon up courage and ask questions about technique, colour, structure and composition, shake off my embarasse-ment, even dare to go as far as interpretation. The answers come hesitantly but not unwillingly. A certain assonance makes its presence felt, the seeds of trust take root and grow by the minute. The burning presence of the past retires slowly. My English is not good enough but I am only too happy to force myself. "Let's talk in your language. It will be easier, and we will both profit more!" I can only thank him, I know how difficult this decision is for him. And as if he feels he has to justify this decision to himself, "Today I am doing many things I would have imagined impossible yesterday – and the most surprising thing for me is that I do not have to force myself to do so."

He takes out a portfolio, the tapes done up tightly. Small watercolours showing life in a ghetto and already hinting even in their childishness at the power of expression that was later to be revealed.

"These were returned to me by emigrants after a journey filled with adventure. I painted them when I was ten years old, in the Vilnius ghetto." He then tells me, with no show of emotion, with the soberness of a chronicler, about how his father was shot by the Nazis and about his mother with whom he steered the difficult course through ghettos and concentration camps. About many other near relatives who were shot or gased in Dachau and Ponary, in Auschwitz, Bergen-Belsen and Mauthausen. I cast my eyes down, ashamed. I cannot hold his eyes. It is too much! I am, after all, not up to this. When I summon up courage again and look up I see no hatred in his face and yet I can feel no relief at this.

Before leaving the studio w glance back once more. Perhaps we are both thinking the same thing: It is a long way from a ghetto in Vilnius to Madison Avenue in New York.

We are standing in the hall once more. The candles have burnt down to stubs. It is midnight. Although encouraged, the collector is not tempted. "Bak doesn't sell to Germans", I have perceived more than I can bear now. No more confessions, only formulation, and I do not even want to believe in its finality any more. But this is not the right moment to attempt any corrections.

I cannot conceal my thoughts, he only need read them in my eyes. "Our mutual friend told me you wanted to buy a picture. I should so like it to be you, for whom I could fulfill this wish, but all the pictures you have seen are destined for an exhibition in New York at the Aberbach Fine Art Gallery." There is a trace of pride in his tone as he mentions the powerful and influential owner of the gallery. But then, as I am about to go, he has an idea. "Hadassa Klatschkin! You know her? I have held various exhibitions in her gallery in the last few years and she is a good friend of mine. Perhaps you could postpone your flight until the evening. I will call her. I know she holds some of my smaller pictures on reserve for friends." Almost embarassed, "I am lucky enough to sell more than I can paint. Go and see her. She will be pleased to be able to speak German with you."

More has been achieved than I had even dared to hope, but the roof we have dared to erect is still shaky. We will have to build in supporting props, provide them with hinges and weld them together with rivets, we will have to fill in cracks as Bak does to the past in his pictures. And in the end we shall be pleased if it just manages to take our weight. A new kind of understanding, the only possible kind, just as a new kind of beauty emerges from Bak's pictures, the only possible kind we can conceive of today. Just as I am arriving at this conclusion at the end of our meeting, the wind causes the large French windows to slam, as if it wants to put a stop to this. The wicks of the short candles bend fearfully, the flames dance restlessly, threaten to go out. "Today is Yom Ha Shoa, our remembrance day for those who died in concentration camps", and with an anxious glance towards the candles still flickering restlessly, "According to our belief they should not go out until the night is over." Yom Ha Shoa! Perhaps this is a good day for it? A good day for what? At last I know.

Time must pass. Another meeting on my next visit. A letter – hope for a sign of encouragement. I have to understand that there is no such thing as an acquittal, not today and not in a thousand years. And he too has to find the strength to free himself from this self-imposed isolation. Perhaps this evening has effected a more rapid ripening of time.

*21st April 1974*

I have postponed my flight until the evening. Hadassa Klatschkin, the wife of a famous Israeli actor, belongs to the small, exclusive circle of the few remaining founders of Tel Aviv. Unbroken in strength and temperament, she protests again and again how painful a loss is, the sale of one still life, however small. The supple movements of her body, the theatrical gesticulations with her arms, all seems elegant in spite of her age. The classic sharply defined profile, the deep-set eyes, still shining, the proud, straight carriage, all these make it easy to recognize the celebrated beauty of past days, even now. She proudly lists the names of the many famous people who have bought pictures from her. From Isaac Stern, Leonard Bernstein, David Oistrach to Bernie Cornfield. A fascinating woman at the end of a life filled to bursting with joys and suffering.

"Certainly, Samy told me about you!" I sense the motherly affection she feels when uttering his name. Then she hands me a small still life, "I permit you to buy it." She is then called to the telephone, and I have time to begin the first cautious dialogue with the picture. I think of the other still lifes I saw yesterday, attempt to classify it, I remember the interpretation of its creator, until my own thoughts slowly begin to form.

Bak's still lifes can be compared with the work of the archaeologists who are able to recreate total reality from a few authentic fragments. In Bak one could see the archaeologist of the Cubist still life who attempts to recall the reality of a lost culture. Bak destroys the old familiar forms and elevates them to an illusion of reality. They have become different, intended for a different use, but we know that these are really the same familiar objects or pieces of fruit, part of our daily experience. Bak's still lifes seem (to us) to be dismembered, broken up, mutilated, but rather than documenting the destruction and decline of our world, they portray the attempt to reconstruct a lost reality. But he was always affected by the power of the mind which drives man on to start afresh again and again. It was in Israel that he saw how the surviving members of destroyed families came together and formed new ones. He saw people starting once more to build up a new life. The result cannot be compared with the situation in other countries, but it does bear witness to the dimensions and indestructability of the human will. Of course Bak's still life had to be preceded by the Cubist still lifes of Picasso, Braques and Gris, but even more so by the terrible visitation of destruction and annihilation on his life and that of his people. The dialogue with this small piece of painted canvas that I hold in my hands, hardly bigger than a sheet of notepaper, is interrupted. Hadassa, as she is affectionately known to her many friends, returns. The parting is sincere, "Shalom – and give my regards to Germany. It is a long time now since I was there – too long. I have never stopped loving the country."

In a taxi on the way to the airport. The precious, newly-bought possession in my luggage – the feeling of happiness which every collector repeatedly experiences.

*24th April 1974*

The small still life has found its place in my collection: between two important early Korab pictures. Comparisons arise where the points of departure can hardly be more different. In both cases there is seemingly the same disintegrating, crumbling world, in both cases beautiful in its fall. But where Korab dismembers to create new possibilities for his artistic game of shape, form ans colour, Bak's destruction is the expression of deep philosophical despair. What is cold and distant in the former plummets headlong into the depths of human anxiety and misery in the latter. Playful geometry against an already lost philosophy. Bak attempts to ignore the finality of this loss, and yet realizes the hopelessness of his endeavour. Just once more, albeit for one last breath of time, the old inherited values are reasserted, but the ruptures are final, the past cannot be recalled. Fragments which only seem to match. The unscathed world, if it ever were so, is lost forever. Only the illusion of a long-lost reality remains. The small picture sets no riddles for me. Locks that do not lock, props that do not support, hinges that do not rotate, screws that do not grasp, rivets that do not hold – there is no escape, only postponement. As in all Bak's still lifes it is autumn, and his autumn suggests the finality of parting. There is a long wait ahead until the spring comes – if at all.

*28th April 1974*

A letter – hoped for but not expected. It stirs up all the feelings I am capable of.

Dear Mr. Kallenbach,

Our telephone conversations, our first meeting, your visit to my house – these are all still vivid in my mind. We could not have expected it to be otherwise, it was unavoidable that some time had to pass before we could open up and be ready for each other. And yet, much remained unsaid, apart from our language barrier preventing many things from being said. Please forgive my writing in English; I know you will have difficulties translating this, but how else can I express myself in a way that will be understood. Even though I can make myself understood when speaking, I would find it quite impossible to express my thoughts in writing in your language.

The reason why I am writing this letter is a thought that moves me deeply and which I have not been able to dismiss from my mind since your departure. I believe I behaved to you in a manner both cold and reserved and I ask myself whether you understood the real reason for this reserve. Did I not give you the impression, even though unintentionally, that I was prejudiced against you, thus making any direct and personal contact impossible?

Please understand that before you became the Rolf Kallenbach I gradually learnt to know and understand you were for me a representative of Germany. It has something to do with my self-protection mechanism, to the avoidance of touching old scars and sometimes of wounds still not healed. They are not only part of my past but also dictate my whole artistic work. The last thing I want is to give someone else the feeling that I am prejudiced against him because I myself have suffered so much from prejudices and have been their victim. How could I treat others so. I certainly do not want to set myself up as judge over mankind, passing judgement on my fellow men. I always try to see people as individuals; if I sometimes do not succeed in shaking off the shadows of the past then you must forgive me.

The more I think about your visit the more I believe that it can become a turning point in my life. If I have become a kind of witness who expresses himself in the language of painting, what good does this evidence do when it does not become public or when it is only made available to a small, restricted circle.

And remember, not only the past is concerned here; far more important is the meaning these pieces of evidence could have for the present. Even though it seems to be far removed today, the roots of evil still thrive. Perhaps my efforts as an artist can contribute in a small way towards weeding them out completely and finally. After all – if there are people in Germany who show interest in my work and if, with their help, a larger circle can be reached, then the purpose would have been fulfilled. Even if this means that I have to partly relinquish the protective walls of my Israeli ivory tower.

There is no way, as far as I can see, of turning the clock back.

It would give me great pleasure if you would not let yourself be discouraged and would write to me soon.

Yours,

Samy Bak

*May 1974*

I am beginning to think about how I personally can make the fascination of Bak's pictures available to Germans. I mention it to friends interested in art, I talk to gallery owners and museum officials, put out feelers to art critics and collectors. I occasionally meet with faint recollections of American publications, seen and forgotten, apparent recollection of reproductions in Italian and French exhibition catalougues, mostly superficial and without reference. Interest is simulated where there is none, as yet. Bak – where the name has been heard at all and then seemingly only by chance, unclassified and without context. Due to his selfimposed isolation from Germany Bak remained unknown in art circles. Only Jewish collectors in the rich business centres – Frankfurt, Düsseldorf and Hamburg – can claim having his pictures in their collections. Bak's power of expression and his strong artistic qualities, received with great interest in the art centres – New York, London, Paris and Rome – met partly with euphoric enthusiasm – Germany remains untouched. An absurd situation which seems to call for thorough and rapid correction. But can I make this my personal cause? Can I select myself to be the mediator? And was this first meeting enough to prepare Bak for it?

*18th June 1974*

After a continuous interchange of letters for some time our relationship has developed so far that we can discuss the problems relating to us in an unembarrassed and unreserved way. Perhaps with patience and mutual understanding for the particular situation we find ourselves in, a friendship will grow out of this relationship some time in the future.

Since Bak shares the opinion that it would be more important to make his pictures known to a larger public than just to a small intellectual circle interested in art, the next obvious step was to start thinking about a film, particularly as this coincides with my own professional experience and personal inclinations.

What originally was just an idea now quickly took shape. Bak seems to invest all the trust in me necessary for the presentation of a subject both difficult and delicate for a German. Peter Schamoni's Max Ernst and Hundertwasser films have set a standard I would like to do justice to, even though I think, that the special rôle of art films and their real potential have yet to be recognized, and that the creative media equal to the subject have hardly been exploited, if at all. For me it is not enough to set the intellectual educational mechanism in motion, nor to satisfy a superficial desire for information or entertainment. The paintings, personality and creative filming make only one film possible: a unique film, unmistakable, that can only refer to Bak. It is this absolute, total unity that I have in mind.

*27th June 1974*

I am back and still cannot believe it. Three month have passed since our first meeting. Not an irksome visitor – a welcome guest, almost a friend. It is touching how Samy Bak's wife, Anna, looks after me. He is burning with eagerness for the joint project; he forces himself not to rush me, to give me time. I still cannot believe my good fortune. Israel – with every visit I become more convinced that it could be my home, too. Friends have often asked me where the fascination lies. There is no answer to this, one can only experience it oneself. And it will be different for each person. Israel – for me it is the people – their strength, their beliefs, their creed. The effect Israel has on me is that of a catalyst against the artificial and forced neuroses of our crazy world. It regenerates me, puts my lost criteria into order, helps me find my quanimity again, clears my mind for the important things in life. Israel – I shall always return for my own sake.

*The next day*

7 a.m. The air is still cool. The bitter-sweet scent from a nearby citrus garden stimulates the brain, sets thought processes in motion. We are sitting under gnarled, venerable olive trees. To write the script, I have

to know more about his pictures, his life – find out more than the bare facts – deeper, hidden, authentic aspects, penetrate as far as the core of his being. I must hear his attitude to his own work, learn his thoughts about the new trends in modern art.

We talk about his still lifes and their particular star, the pear. Does it only occupy a given space, a trade mark? Bak protests. Superficial, slogan-like elements have no place in his work. For him it is the fruit itself that counts. The fruit that embodies life, growth, creation, a fruit that does not adhere to the strict forms of other fruits, that is either slim or paunched, droops its head or holds it erect, chooses to be either symmetrical or asymmetrical. "No fruit has such freedom of form as the pear. In a garden full of pears one will never find two alike. The pear is like life itself, eternal and unrecurring. One can express through the pear everything that man himself can no longer endure: cruelty, suffering, inhumanity. It is not the pear itself that has a special significance, it is what happens to it in Bak's work that has taken on a symbolic meaning. The pear is alive, but not able to act or determine its own fate. It can be understood as a metaphor for the human condition."

At a meeting in New York much later Bak interpreted some of his pear pictures himself:

The drama of our existence: we expend our energies to such an extent that we are crushed and eaten up by our evironment. (Parable, colourplate 17).

The crazy events of our times have made humanity the target of annihilation. (Still life with target, colourplate 14).

In the structure in which we live the burden is not always equally distributed. (Pyramid, colourplate 25).

So much is done to save the fruit from being condemned to destruction, that it becomes completely imprisoned and helpless. (Blue flag, colourplate 15).

One comforting thought is to be found in the illusion of survival, but then the past becomes a stony, heartless monument. (Monument with figures, colourplate 24).

The craving for destruction has created rituals that extend into the absurd. (Ritual, colourplate 29).

The power of nature is so strong that in spite of everything hope remains that the fall will not necessarily be final. (Legend I, colourplate 23).

We continue to discuss the still lifes, talk about other motives often repeated after long intervals. To name, one, the extensive group of chessmen. They no longer adhere to the rules and regulations of the game but have long since surrendered to the chaos and confusion of our world. Robbed of their beauty and sovereignty, possessing no will, frozen in time, they seem to be incapable of reaching their logical conclusion. They belong in general to the sphere of archetypal symbols which, unlike the more hermetic symbols of dreams and the subconcious used by the classical Surrealists, communicate more. We know that chess is a rational game ruled by logic and calculation. But in Bak's game of chess the orderliness has collapsed. The chessmen have been changed, have acquired individual characteristics, and the chessboard is disintegrating completely.

It is no longer certain how a game will develop. We think that we are playing the game, and suddenly we discover that we are only being used a playthings by other invisible powers, powers of divine origin. Bak speaks of the game of chess as the game of war. Perhaps it is the war with which he always had to live and the recollection of other past wars that have never left him that make the game of chess such a symbolic and powerful metaphor for him.

The birds form another important group. They are surely connected with man's endeavour to free himself from his natural restrictions. They are present in Bak's work with a certain sarcastic note. Symbols of freedom – yet they will never be able to fly. Their wings replaced by mechanical wood or iron construktions, only able to move by means of rollers or wheels, they are more helpless than humans. Creations having no functional use, only monuments to our dreams.

In all the pictures, Bak poses the question about the meaning of existence, questions which must remain unanswered as they are much larger than the answers we could offer for them. They are like gigantic, over-large keys which instead of opening doors cause houses to collapse.

*The evening of the same day*

In the evening an Italian meal prepared by Anna, very palatable, new wine from the slopes of Mount Carmel, conversation on personal topics. We have much in common. Love of music: Beethoven, Bartok. Modern theatre: Ionesco, Brecht, Anouilh. The classic novels by Joyce, Kafka, Proust and Musil. Anna talks about her friends. about Kishon and Arik Brauer, but most of all about the simple people of the neighbourhood. "Israel is small, everyone knows everyone else, almost, and what is even more important almost everyone helps everyone else." Anna shows me her ceramics, full of imagination and power. She is also preparing for an exhibition in a New York Gallery.

The children, Daniella, Ilana and Michal, have to go to bed early. An Israeli schoolday is hard. Next year Daniella will be called up to do her military service.

Later Bak recounts bits of his life. Ever-changing places. Heaven and hell side by side. The good days do not outweigh the bad. Little fulfilment, much suffering. I have stopped asking questions, and just listen, making notes for the film. Drawn out, tormenting pauses alternate with recollections hastily forced out.

"My parents spoke Polish. We were an assimilated Jewish middle class family in a provincial town in Northern Poland, Vilnius. Even before the war broke out my parents took me away from a Polish kindergarten and put me into a Jewish one because of indications of anti-Semitism. Our house was frequented by Jewish refugees from Germany and from the occupied parts of Poland. Much was being said already about the ghetto in Warsaw and that Europe was soon due to explode. But I only realized what war really meant when the bombs startet falling round our house. The world I knew, which seemed to me to have been a paradise up-till then, collapsed, though I could not imagine at that time quite to what degree this world was going to be lost forever. Armies came and went, and we were forced into a ghetto and later into a camp. And then, at the end of the war, by some miracle, my mother and I, the only survivors of our family, found each other again. My mother had two aims: one was to go back to Palastine, where one of her brothers was living; the other was to make it possible for me to study art as I had shown a great inclination for painting since I was very young, and even in those days my family had unanimously regarded me as a future painter. Two poets, coming across the pictures I had painted when nine years old, organized a small exhibition of these watercolours in the Vilnius ghetto. This is how I became famous overnight among the people who were crowded on top of each other in these few, narrow streets.

After the war we wandered through Europe from frontier to frontier. We had to live in refugee camps for a long time, and when the state of Israel was founded in 1948 we moved there. Each time we stayed in one place for a time during these years my mother always managed, in spite of all our difficulties, to find me an art teacher. The first teacher taught me to draw according to the classical method with the aid of broken plaster casts. The second one was an Impressionist. The third saw everything with the eyes of an Expressionist, and the fourth demanded that I forget everything I had learnt because Cubism was the only style of real value."

Freed from the recollection of the most difficult years, his sentences have lost their staccato rhythm, the excitement in his voice is subdued, the heavy gravity and monotony of tone return. Only the face remains reserved, making for distance and cautiousness.

"Fortunately my philosophy of life could not be finally formulated at this time because I lived in Israel and devoted my whole attention to studying the language of the prophets. Then there were the years spent in military service, and at last the time came when I could concentrate fully on painting. And as Paris was at that time the Mecca of the art world I enrolled as a student at the Beaux Arts in 1956. I did not learn very much more about painting in the Beaux Arts but I was able to eat in the state-subsidized university refectory for three years. In Paris I got to know an Italian art student in the same studio – Anna, who later became my wife.

My first exhibition took place in Rome in 1959, and since it was accompanied by recognition and success I stayed there for seven years. I painted in a semi-abstract style, which was fashionable then, but I felt the discontent within me, already, as I found this form of expression too limited. The dramatic memories of persecution and war had subsided within me, and I had become mature enough to find the courage to touch on them. I knew I had a lot to say, not just for myself but even more for the others. And I had to find a form of expression that was comprehensible to the viewer but did not confront him too directly with the cruelty of reality.

The turning point in my work was the Biennale at the beginning of the 60s, where the American Pop artists were received with such enthusiasm. They had legitimized reality once more, but their forms were taken from the world of comics and advertising. These forms were more foreign to me, however, than the

world of classical art surrounding me in Italy. This is how I arrived at a kind of Surrealistic style. I found this style interesting because it gave me the opportunity to express the experience and philosophy of my life instead of struggling with psychoanalysis and free association like the Surrealists of the 30s.
During all these years, in which I painted and held exhibitions in many European and American cities, I was always very homesick for Israel. But it was as late as 1966 before it became possible for me to settle there with my family and to start regarding Israel as my base. My life in Israel, and especially the time of the wars in which the question of survival was constantly posed, dictated the subjects of my pictures."
Bak is exhausted. The journey back into the past is more of a strain than he cares to admit. It was a long day. I have learnt a lot. Bak the man emerges from the mystical enigma, takes on human and explicable characteristics. His character becomes comprehensible, his place in the art world becomes clear. The pictures begin to be self-explanatory. Many gaps remain to be filled in, tomorrow will be no less fatiguing.

*The next morning*
After a drawn out Israeli breakfast consisting of different types of curd dishes, pickled fish, fresh, raw vegetables, steaming scrambled eggs and burnt coffee it is difficult to discuss the ambiguity and depths of the picture complexes. We want to talk of the figures in Bak's pictures.
There is nothing in his pictures that moves me more than his human figures, these strange, two-dimensional, living, and at the same time cut-out, silhouette-like faces in different stages of intuition, knowledge and experience, figures which, in spite of their unnerving presence, seem like blurred and deficient transfers. They do not permit us to look along their paths of life and suffering, but we can still sense their spiritual and physical catastrophe. In a state of fear and stagnation, having reached the end of the line, they persist in waiting, devoid of all expectation, of all hope.
"When these figures first appeared in my pictures a few years ago they made me uncomfortable because they told of things I had only expressed in symbols and metaphors up to that point. I have always avoided directness in my pictures as the events I wanted to recount were cruel and revolting. This is why I have displaced them in the temporal dimension and distanced them from reality."
I recall many of his figures that seem to echo art works of past centuries. Paraphrases of classical values that our age increasingly refuses to believe in. "The Great Duke and his Spouse", for instance, who we know from Piero della Francesca's painting and who become flat profiles of a rigid material in Bak's hands. He only seems to be conjuring up the great works of the Renaissance. The original familiar contents are not just developed or put into temporal context, they have been transformed, they show themselves to us in the new logic of our century.
Mantegna, Dürer and Lucas Cranach appear in an ironic, sarcastic light. The terrible cognition of our time forces itself with a gnashing of teeth through the now crumbling and threadbare process of art history.

It is not yet noon, but it seems as if time has been overtaken by the sun earlier than usual. It is hardly 11 a.m. and the air is already a paralysed haze, all living things are frozen to burning stone. No chance of even a slight breeze to relieve the oppressiveness. Wo both find it difficult to breathe, and even the dense shadow of the olive trees cannot give relief. It is in vain that I gaze into the knotted twists of their branches – not a leaf moves to dazzle me with its flickering, silvery dance that only the wind can set into motion.
But it is not only the brooding heat, unusual at this early hour, that paralyses me, it is also the struggle with the image of man that has exhausted us so quickly. Art, when it is so great, dissects this image with the keen blade of a scalpel, reveals more than is pleasant in our daily life, uncovers everything that we are so quick to call the soul just because it suits us, reveals it to be a black, endless abyss down which we are falling from the beginning to the end of our lives. Bak dismembers man to reveal his abysses, he creates visions in which the boundaries between rich and poor, between misery and magnificence, between human suffering and joy melt into one impotent cry for help. Bak's disfigured view of man's face – it is always our own and this is why it instills fear and alarm in us. And mercy? Bak has not found it. Has he stopped searching for it? The sun scorches the last thoughts. Time seems to stand still. I think of the people for who I intend making the film. Will the past events with which I must confront them and which will remind them of their own past, will they not be too heavy to bear? Shall I not discourage them? Is the recognition of the unalterable course of our fate not too final? Is not the realization too terrifying that the world in which we live holds nothing more in store for us than threats and isolation? Or will Samuel Bak's pictures help them to live with the recognition of this fact? Will they in the end give them new courage, hope and belief to find their way back to life?
When Anna appears from the house carrying a jug and pours ice-cold juice of freshly-pressed citrus fruits into the coloured glasses I am only too ready to interrupt the conversation and the line of thought. Time to let thoughts roam, even when the breathing space does not remove my doubts, only suppresses them, time to delight in the tacit understanding between two completely unified human beings. It occurs to me that, in contrast to my environment in Germany, I regard the intact marriage as self-evident here. This surely has something to do with the special situation in this country which makes a couple more dependent on each other, brings them closer together, demands more of love. As I think about this I realize that I have brought myself back to this point, that it is always man, more than all other things, who moves and touches us. He only is the focal point. The art of all peoples and of all times recognized this fact, and set him up as a central point for question, thereafter finding in him its interminably diverse and varied solutions.
The conversation leads us back almost without transition to Bak's figures.
Many of Bak's figures are provided with metal wings or wing-like devices. They are all strapped to steel structures, too heavy to fly away to fulfil persistant longings. I am reminded of the story of Icarus who tries to reach the sun and crashes down into the sea – the price modern civilized man must pay for the impulse

to exceed his own limitations. The metal wings he has invented have become a trap. They detract more from freedom than they can add to it. Other figures seem to be angels, but their wings are clipped and so they can no longer reach heaven. Robbed of their divine purpose, nothing more remains for them than to share man's doubtful lot.

Bak astounds me with his simple, realistic and contemporary interpretations. "The flying men are part of Israeli reality. The winged men fly beyond the borders of Israel to protect their country and sacrifice themselves, or are sacrificed. They are part of Israel's contemporary history, but at the same time part of man's history in other places and at other times. The story of Daedalus and Icarus is not so very far removed from the tragic events of our times in which too many fathers see their sons fly too near then sun and fall down into the sea.

It is remarkable that this Greek legend is so similar to the biblical story of the sacrifice of Isaac."

The long journey through Bak's picture world, shockingly clear in spite of the many symbolic elements, in which myth becomes reality and the past only serves the present, almost makes us forget the time. The days are short in Israel at this time of year. The boundary between daylight and darkness is abrupt, there is no transition period. The heat of the day has generated clouds of haze that darken the last rays of sunshine and blur our long shadow in the scanty grass. His sharply cut features outlined against the dying blood-red evening sky remind me of a Hasid who spends his life with the rabbis and whose only aim in life is to serve God.

There is an air of tragedy about him, as there is about his figures. Like them he appears to have long given up trying to reach the aim set seemingly an eternity ago. Paralysed by fear, robbed of his will, he seems, like them, to be at the end of the line, and yet he still lives on because the strength of his art cannot come to terms with death. Bak says what I fear to think. "It is as if a world is preparing itself for the fall" – and, seeing me anxious and despondent, "but one should think of the spring, one must believe that the sentence the world has passed on itself will not be executed."

This latter statemant by Bak seems to me to come so directly from the core of his being, seems to be such a complete expression and embodiment of his philosophy, such a complete identifying feature of his artistic work up to this point, that I write it down the same night before I fall asleep. Perhaps this is the first point of departure from which the idea for the film can be developed.

As arranged the previous evening, the next day is devoted to his techniques – profane matters such as the selection of paints and brushes, the texture of his canvases, or such important questions as composition and perspective. I want to experience a working day in his studio, in its full length, not under the usual special conditions for visitors. That means missing breakfast, getting up at 7 a.m. for a 7.30 start. Bak locks the studio door behind him, the isolation must be complete, even from his family. A special ventilation system provides us with clear, fresh air. Bak uses the old French glass rooftiles to provide the lighting, tiles in various shades such as lavender, olive green, violet to filter the cold blue Northern light. Working 12 to 14 hours a day at an easel is a physical strain in itself. Any listlessness or inertness is countered with hard discipline. During his strenuous working periods he hardly eats at all, drinking 6–7 pints of clear water a day and eating a small steak and a little salad in the evening. The small body should not be weighed down unnecessarily. Every superfluous pound makes itself felt on the legs, makes standing difficult. He forces himself to the edge of asceticism. No alcohol, no cigarettes. He needs no stimulants. The keen logic of the brain functions as it is. The psyche serves its function almost as a matter of course without adornment, without any superfluous deviations. The conventional idea of the genius' studio is invalid. Nothing remains of the flight of the chosen and the elite. Only application and hard work in a specified and controlled direction count. Genius is not something to be flaunted. It only reveals itself to the viewer at the very end when the picture permits complete insight.

A concession to my presence: the feeling that he may seem impolite, that the long periods of silence which accompany his work might be too much of a strain, causes him to take short breaks at infrequent intervals. This gives me the opportunity to ask all the questions which are on the tip of my tongue.

Extracts from an interview with the painter (1973)

Kallenbach: Is there not something in the way you paint that reveals a secret desire to outdo the art of the Old Masters?

Bak: In spite of the continuous reference to the art of the Old Masters I have absolutely no interest in copying their work as an exercise. Certain forms of art have been so highly developed by the great masters that they can never be surpassed. However, the classical and the Christian mythology have lost their significance and we are on the lookout for a replacement, but it has not yet been found.

How do you start work? How do you begin a picture? What thought processes precede this? Is the concept clear at the beginning or are you led by your intuition?

Sometimes it is simply the desire to paint in a certain colour, let's say blue. Occasionally the subject comes through the choice of colour. Then I try to translate this idea into a language of symbols. At this stage self-criticism is the only way of achieving complete inner harmony.

It can happen that one picture is born of another. If I feel the necessity to do something else during the working process then I create a new series of pictures out of this necessity. A great number of my pictures were born of themselves, from their own desire for alteration. This is why I work in groups: the pears and the chessmen, the group of metal birds, the key series.

I recall that when I started painting pears I could foresee no development of this subject. When I came back to this idea two years later I descovered a whole world that has still not let go its hold on me. It is only when I have fully exhausted the subject of a series that I feel free to think about a new theme, its development and execution. From this moment onwards these things are quite vivid in my imagination. I draw the contours and then I work out the details on the canvas. I pay attention to proportion and relation. This process is similar to working out the rhythmic framework of a poem. Curves, angles, straight lines recur and create a symmetry. The compositional elements can be the main part of a picture. When this sketch is finished I leave it as it is and hardly ever alter anything.

Does this way of working not involve a great deal of renunciation?

When the canvas is still white I only work on the outlines of forms. This helps me see the problems more clearly as they can be viewed in isolation.

One of the secrets of art – of all arts – is the ability to subdivide, to keep the basic components in sight and to split the main problem up into specific and individual problems. One should never attempt to solve everything at once. There is time to concentrate on the composition, colour, texture, the intermingling of forms, the physical expansion of the objects painted, the atmosphere etc. at a later stage.

When would you say a picture is finished?

A painting is finished when all parts are unified into one form, into one indivisible whole, so that nothing can be added or taken away. A picture is finished when all its parts are filled to the same density and all emptiness has disappeared. I treat the farthest corner of sky with the same care as the focal point of the picture. All colours and objects represented in it thus become one whole. I would like it to look as if it had been transferred into the canvas without any subjective influence at all. Vermeer was an absolute master of the art in this respect. Breughel too. He places things on a canvas to withdraw them again. The pictures of mine that are regarded as particularly representative were painted spontaneously, without much trivial detail. This sounds paradoxical as I believe that for really creative work a stage of critical self-assurance is necessary that does in fact not withdraw anything.

You admit to simplicity being one of your ideals, but you are not content with drawing alone, you develop more complex forms using light, shade and colour?

When I sense that the viewer experiences magical and illusory moments when the canvas vanishes and the space is filled with something very stirring to the senses, then I must go on, beyond contour to colour. Besides the independent shades, colour also possesses a multiplicity of descriptive, expressive and theoretical powers. The difference between the sketch and the finished picture is the same as between reading a play and seeing it performed. It is only the development of all the movements of light and shade, of nuances of colour, of the physical aspects of colour that brings the experience to its zenith. I once made an interesting experiment. I drew the sketch on three different canvases and developed each one into an individual painting. It very soon became evident that in each case the contour itself permitted the introduction of a multiplicity of colour, light and material.

It is hardly necessary to add that all three pictures turned out completely different.

Naturally, these comments refer to sketches for paintings and not to drawings, which are a powerful expressive art form in their own right.

*Ben Gurion Airport, Lod*

While waiting for my flight to be called I use the opportunity to ask some more questions, to clarify connections and relationships further. He puts his arm round my shoulder with the concern of a friend. "They were good and important days. Now you need time to let everything mature." And as my flight is called, "If you do not want to lose the pleasure pictures give you, remember that words can only explain a part of the meaning, sometimes they conceal it more. Sometimes the magic of art lies in those areas for which there are no words."

Although some weeks have passed since, the days in Israel are still noticeably present, the encounter is still very vivid. I write the script to take place completely in New York. It is to be filmed in autumn. By then Bak will have moved along with his family, to spend some years there. An idea of his New York gallery owners which is going to prove successful.

Away from the limitations and seclusion of the small country of Israel, which is isolated even in geographical and political respects, the transplantation will in time prove to be an advantage. Israel is in evidence only as the spiritual base without which Bak's art is inconceivable. He will see the numerous drifts and currents, he will have to fight and assert himself. At the navel of modern art, so to speak, his horizon will be broadened, he will find his own standpoint confirmed or in need of correction, his pictures will certainly lose their often limited references to Israel.

Thee door to recognition and fame is only open, it takes New York to go through it.

I am about to go to New York. The American film team has been booked, television contracts have been concluded, the 8th February has been confirmed as the date for broadcast. The script has taken on its final shape – except for the small corrections which will be necessary during filming.

The whole mental concept will be clarified right at the opening.

*Opening*
*Location: Central Park, New York*

| Film: | Sound: |
|---|---|
| A dull autumn day. Bak walks through the deep carpet of leaves in Central Park, autumnal, bare. | Park sound effects (wind, rustling of leaves, birds singing, distant noise of traffic). |

Film:

The camera accompanies him on his walk, films him in different dimensions (from face close-up filling the screen to the complete figure, infinitesimal).
Drives off in front of him or parallel to the direction in which he is walking.
Normal set of lenses from 25 to 400 wide angle.
Travelling/transformer.

Gradual fade-in and out of Bak's picture *A lesson 1968*
Focal shift: increasing to 70:30, then decreasing.

Gradual fade-in and out of Bak's picture *Dreaming Angel 1972–1974.*
Same focal shift.

Dissolve into:
Israel sequence. The house in Savyon, locked up and deserted.
The subjective camera (seen through Bak's eyes) comes out of the open studio door and into the garden.

Sound:

Bak voicing his own thoughts:
(pitch of voice and inflection add to impression of autumnal melancholy. Modulation and formulation suggest the Polish Jew.)
This is my second autumn in New York. The days are sometimes grey and cold, sometimes sunny and mild, but always very short.
How very different to autumn in my country. In Israel the hot desert wind blows, with interludes of heavy rain.
It is a melancholy time in which memories abound. 2 years New York, 8 years in Israel, where I have built my house. Before that 7 years in Rome, 3 in Paris as an art student, more years in Israel as a soldier and a young man.
The three years in refugee camps in post-war Germany during which I learnt the German language.
And above all the first 12 years of my life in Poland, the trauma of war and destruction which made me a kind of witness to the human race's decision to annihilate itself.

At present I live on the 12th floor of an appartment building. My studio windows overlook Central Park. In order to feel the earth under my feet, be able to touch trees, I have to get into the lift and navigate my way through the traffic across 5th Avenue.
When I leave my studio in Israel I am in my garden.
The wind blows the dry leaves of the olive trees into my house. These trees are older than the oldest people I know today, and I hope they will protect it until I return.

| Film: | Sound: |
|---|---|
| The individual subjective camera settings support the text. | As a father of children, as a man who experienced the war years in Europe – everything inside me yearns for a return. |
| Dissolve into:<br>Central Park. Bak walks through the automnal wood. | As an artist, as a painter for whom the civilization of the western world is so important, I feel myself drawn to the art centres which stimulate me to broaden my knowledge and enrich myself spiritually. There is hardly a better place for this than New York. |
| Fade through of a short montage of pictures of important New York museums and galleries. Focal shift up to 50:50. | Not far from Central Park are the most magnificent museums on the 5th Avenue, and then the innumerable art galleries on Madison Avenue – an art empire of our time. |
| Bak walks away through the thick foliage, further and further from the camera. Bak's picture *The Wanderer* is faded through the last park scene. | All this has made me a wanderer, a man who feels at home in many places and is not enough in his own home, a man who speaks several languages but not the one which is his native tongue. |

New York. Autumn, dreary and without hope. The city bears the fate that has overtaken her with a bowed and tired head. Manhattan, one time promise of a new world – in deep agony. Madison Avenue and 5th Avenue, Broadway and Park Avenue – a few years ago, pulsating veins of life, now paralysed by unemployment and recession. Central Park, the pumping lungs of languid millions, strewn with refuse and garbage. Brilliant exhibitions such as the Max Ernst Retrospective in the Guggenheim Museum, Francis Bacon in the Metropolitan and the Jewish Spirit of the 20th Century in the Jewish Museum can only palliate and not reconcile.

In the two years in New York it has become evident to Bak that he cannot become an integral part of a world that has long given itself up for lost, that only carries on in an undignified pose of selfcontempt. He cannot take part in the race for success, neither as an artist nor as a father or part of a family, when being successful means giving up his ethical and moral position. Fame that demands such a price must be renounced for the sake of his self-respect. The incredible superficiality of human relationships he has experienced here must be excluded from his own sphere of life.

New York remains an important period in his artistic development, but the decision that this city can never become his home, at no matter what price, is final. His anxiety for his children made this renunciation easier. He would never permit them to grow up in a heartless city that has stopped forming values, that only boasts of destroying what previous generations have painfully built up. For someone born and bred in Israel this city, with its unsolvable problems, must have seemed more alien and distant than the moon itself. Even his children had begun to understand that.

*A private evening*

A house concert brings the friends together, a weekly happening, in Bak's flat; friends of different ages and with different ambitions, young adults, still struggling for recognition, and older friends, important, who have made it. Friends in frayed jeans and in dress suits. A surgeon, a sculptress, a professor of history, a librarian, a female painter, a pianist, a student – Jewish friends, equally affected by the city's rejection, united in their love of music and the yearning to be back in Israel soon.

*Our last day of filming*

The dark sky, threatening rain, Bak in his long black coat, the unnerving monotony in his voice, everything takes on symbolic character.

The end of the film seems to be symptomatic of a period that is inevitably coming to an end.

*The End*

Location: New York, Central Park
and Jewish Museum

Film:
Bak continues his walk of the beginning of the film through Central Park.
(Camera and objective as at the beginning of the film.)
Fade-in and out of Bak's picture *Yizkor 1971.*
Focal shift of up to 70:30.

Sound:
Park sound effects as at the beginning.
On:
(Bak voicing his own thoughts, increased monotony of tone.)
Autumn days reflecting the sadness of parting. The trees are stripped, the earth bare and heavy, and the sun only shines palely from behind the clouds. It seems as if a world is preparing for its own fall. But we must think of spring, we must believe that the judgement the world has passed on itself will not be executed.

Film:

Bak leaves Central Park, crosses 5th Avenue and enters the Jewish Museum, in which his most important pictures hang, along with works by Chagall, Lindner, Max Beckmann.

Sound:

The sadness of parting is a feeling the painter experiences again and again. His creation is at an end, like a child who grows up and goes out into the world. Face to face with it again after a time one is filled with fear, as if one were faced with a moment of truth.

Film:

Unnoticed, Bak joins a group of Jewish visitors standing in front of his picture *The Traveller,* a modern version of Dürer's *Melencolia.*

Sound:

On: (Voicing thoughts)
Words can only explain a part of the meaning, sometimes they cloud it more. Sometimes the magic of art lies in those areas for which there are no words. Sometimes it is only possible for the painter to tell from the eyes of the beholder whether he has been successful in manifesting his thoughts.

Film:

The group of visitors walk away, Bak slowly approaches his picture.

Sound:

On: (Voicing thoughts)
I hope that my work has found its way to the hearts of a wider public in spite of the fact that it is rooted so firmly in Jewish history. I think that today people with perception understand that the image of the Jewish race in our time has become a mirror in which the world recognizes its true face.

Film:

The camera zooms in on Bak's face until it freezes.

*Eichenau, 23. 12. 1975*

Dear Samy and Anna,

let me start with my worries, my questions and requests. From thousands of feet of film I can see, if I am not mistaken, a wonderful film emerging. I think it will turn out to be a very stirring film. I can see this even now in the faces of those present while editing (the cutter, the sound manager, the trick cameraman). The mystical solemnity radiating from your face causes many other small defects, to be overlooked. (The lighting changes too often in the Central Park scenes.) I am a bit worried about the heavy, melancholy spoken passages. They affect the feelings to such an extent and paralyse the critical powers in a way that is not intended. We shall have to be careful there.

At the moment I am editing the music. I have basically decided on passages from the early Beethoven Quartets 1st to 4th. Compared with the highly disciplined form of the later quartets they have something unfinished about them and this suits the improvisation and casualness of the park scenes. I feel quite sure about this choice even if it does unnerve the viewers and drives the oppressive atmosphere to the limit of what is reasonable. Unfortunately I had to use lesser-known recordings as the large record companies would have been far too expensive.

In the course of the next weeks the trick work will be finished and we shall have the first general impression. Unfortunately the quality of the slides varies to a great extent and even with all the copying techniques at our disposal we cannot bring them all up to the same standard. However, the viewers will hardly notice the difference.

The winter here is unusually mild and many people believe spring is on its way. This is, of course, deceptive.

Your warm letter touched us deeply. We shall always be happy to call you our friends.

Our stay in New York was, thanks to you, a very happy one.

We should like to thank you once more.

Anna, we wish you and your children a Happy New Year. We wish you peace so that you can live in your home, health so that further beautiful pictures will be produced. For myself I wish that I shall concentrate more on the important things in life, one of which is our friendship.

Warm regards from,
Rolf and Gudrun

What we had cautiously mentioned as only an idea of a possibility in New York while filming, but which was not repeated by me as I thought it rash and unreasonable encouragement, and also not mentioned again by Bak, is now to be realized without any further ado, as if time had really matured more quickly. Although this is a complete surprise to me, Bak has decided to accept the invitation I made in New York and visit me in Germany.

A comprehensive schedule awaits him, planned in every minute detail, the climax of which will be a private showing of the film. Most of the week will be filled up by a television interview with another television company, meetings with interested museums in Frankfurt, Düsseldorf and Nuremberg, the first cautious talks with a publisher and the supervision of one of the first German editions of his graphic work. Will there be any time over to deepen our personal relationship?

"Just landed – Gate 16, EL AL 652 from Tel Aviv!"
What was put off for so many years has now become irrevocable. The earth under his feet is German earth. I look round anxiously. The arrival hall is overcrowded. Curious tourists, visitors, people come to meet their friends – an anonymous mass of the impatient and the expectant. If I have mixed feelings – what a critical moment it must be for him.
He walks cautiously, still unsure, as if testing the ground. He anxiously searches the waiting crowd for me. A smile, still one of anxiety has already become one of joy.
"Shalom, Rolf! – Thanks!" – "Shalom, Samy! – Thanks!"
He reaches out his hand, hesitates a moment, and then draws me into an embrace.
The drive through town. Munich – the lively city of enjoyment, tradition and significant historical events, of immortal buildings and imposing museums. Munich – also the city of the movement, birthplace and base of a whole barbaric epoch, of the Feldherrnhalle, Hofbräuhaus and Dachau. Will he be able to reconcile this multiplicity of faces?
On the way to my home west of the town. Silence and a face showing surprise at the fact that everything he sees is Germany, I do not force the issue. He needs time to get used to this new idea. At home. Gudrun is waiting with a meal for us. Her matter-of-factness is a relief. It is easier for women. They do not expect as much from themselves and hold to what they promise.
We go to bed late and the long, uncomfortable day is over. Most of its hours were filled with dissension and uncertainty. We felt our way rather than walked. Questions asked but as yet unanswered. Both sides are too conscious of being careful, too considerate to each other. The encounter is more clouded than fulfilled. We must both recognize the fact that the ridge on which we stand is still very narrow, perhaps too narrow for people having such differing backgrounds.

*The next day*
Television interview. Hectic, lighting problems, waiting.
Bak: interested, patient, modest, aloof.
The interviewer: intelligent, reserved, humane.
The questions do not have the polish of a continually recurring pattern.

*Extracts from the Interview*
Interviewer: We've talked about your "painting today", but what comes after that? Isn't this painting with no way out? Surely this kind of painting must inevitably reach its limits soon? Won't the motives of your pictures soon be exhausted?
Bak: For someone who can speak so little German, these are too many questions at once. (A faint, apologetic

smile) First: art presents expression and form in an equal ratio. The one is inseparable from the other. So, let us first talk about its expression, its content. Art ends where life itself ends. As long as life goes on, art, too, goes on – interminably. As long as the world carries on changing day by day, assuming a new face, hour by hour, I shall always be able to find sufficient material for new and different pictures.

But isn't the world only turning in a circle, aren't all its horrors and beauties only variations on a theme? Won't your pictures only have variations on this repeated theme to show?

I don't believe that the world consists only of variations. Aren't its horrors increasing, becoming more intense day by day?

So the force of expression in your pictures will become more intense, too. But to what extent is it possible to intensify horror in art? Doesn't the moment finally arrive, when the picture can no longer take the strain? And the painter, how far can he go without cracking?

You only know that at the end.

Are you afraid of death?

Of course – I love life.

Even though you've seen it more from its cruel side?

For that very reason. But we are continually talking only of the world around us. Don't forget the painter Bak and the people for whom he creates his pictures. I am an individual human being with my own development, my own destiny and my own will. I never stop trying to penetrate the very depths of my own being in the hope that someday I'll find the focal point of myself. Even if my success here is incomplete, my will alone to have made the attempt will increase the effect of my pictures on the people who look at them, for I shall be able to concentrate all the more on the essence.

You strive for absolute perfection in your pictures, don't you?

Who doesn't? That's just the problem of the human being. It's what he lives for. It's what I strive for every moment of my life, knowing all the time that I'll never attain it, even if I were to spend my whole life on one single picture.

Now let's talk about the form. Isn't the attainment of technical perfection in itself an obstacle to further development?

Quality has no limits. There is always room for improvement in painting.

It seems to me that it's impossible to excell the refinement of your methods, which you adapted from the Old Masters. The exactitude evident in your painting has been compared with the old Dutch masters or painters of the Renaissance.

You see, the most important thing is the effect – that's all that matters. The technique serves only to show the contents of the picture at maximum effectiveness. New motives might out of necessity demand a different technique.

What about your models, your favourite painters?
Everything that's good – 2000 years of art, a whole encyclopaedia full of important and famous names. From Giotto through Rembrandt and Picasso to Mondrian and Klee.
Painting like yours always contains some kind of mannerism?
These days you find the most varied forms of mannerism – expressionist, abstract, conceptional. After the crystalisation of their own individual forms of expression, many painters become caught within the limits of their style – that can be called mannerism too. I'm thinking of Modigliani, Braque, Giacometti, Jackson Pollock, – it's just that, when they reach a very high quality, nobody calls it mannerism any longer.
Shall we ever see pictures that are free of horrific experiences, that are less associative, whose metaphors and symbols are less reminiscent of the past?
It's not so much the past as the human being's present situation that interests me. This is unfortunately cruel. In answer to your question – certainly, when people cease to think in terms of cruelty and horror, then my pictures will also be free of them. If and when this will ever be the case – to that I have no answer.
Do you have any hope?
Maybe – there's always hope.

*The journey*

1st stop: Korntal, one of the countless small, slow, typically Swabian suburbs of Stuttgart. Unattractive, insignificant, unremarkable. The people: hard-working, economical, sincere. In the midst of all this insignificance is the workshop of Hans-Peter Haas, possibly the most important screen printer alive. Great, important painters have worked here: Max Ernst, Chagall, Lindner, Botero, Rauschenberg, Christo, Marini.
It is difficult to tell by looking at this small, thin man in baggy cord trousers that he enjoys the respect of all these men. Bak and Hass work until late into the night and the whole of the next day on two screen prints.
Once more one sees the connection between art and artisan. The skills of the artisan exceed their limits into the realms of fine art. The final version is reached after more than 30 screens, first-rate, unqualified: the perfect conversion of artistic intuition into graphic prints.
The next evening we are invited to visit the elderly Ernst Bloch, Nestor of the Marxist philosophers, I remembered in time that Bloch had never approved of Herzl's ideas, Marxist conviction opposed them. But the passionate attacks are a thing of the past. Time had judged him to be in the wrong. The Jewish people has made its state strong and selfconfident. But I had forgotten about the philosopher who persists in injudiciously in his opinion because he sees his thought structure threatened.
Bak is prepared, answers carefully so as not to limit the scope of conversation right at the beginning. And

yet the stubborn refusal to recognize facts, to accept reality, is surprising. Israel – the new state of the Jews, the historical sequence of its formation, its significance today, its political necessity – most of this is not recognized. A Jew himself he still withholds from his own people the right to have their own state. Bak's reaction is unambiguous in content, but influenced by the tolerance of a guest in its form. The hope for intellectual stimulation does not materialize, the conversation ranges from politenesses to cautious curiosity, to lapidary avowals, unclear, irritating. Interest in Bak's work, at the same time enthusiasm for Richard Wagner, a love of Karl May and of Hasid stories. A world that is too confusing for Bak to be able to find his way round. Other aspects of the multiplicity of the German human scenery. Bloch, too, is a part of Germany.

From the busy, hard-working Swabian Haas to the intellectual assimilated Jewish Marxist Bloch – the bow has been drawn to breaking point on one single day.

Late at night, on the way home in the car. The combination of rational philosophy and Hasid mysticism leaves us oppressively thoughtful.

It must have become clear to Bak this evening that he cannot form a picture of Germany in one week. The contrast is too great, the conflicts omnipresent.

A great old man, but the cathedral of thought built up is now unsafe and shaky. The disappointment is unmistakeable. The logicality of his thought becomes questionable. A whole life spent in the futile expectancy of practical confirmations and proofs. Only the retreat to an absolute void remains.

*Prinzip Hoffnung*, that powerful work of thought at the peak of life, Bloch presents his guest with the pocket edition on parting and writes a dedication in it. A conciliatory end to a problematic evening.

Our next visit is to Frankfurt – one time undisputed centre of Jewish intellectual and commercial life in Germany. Dr. Bussmann, the most uncompromising of the avant-garde German museum directors, is considering holding the first German Bak exhibition in the Städtischer Kunstverein, Frankfurt in autumn 1977. The Kunsthalle in Düsseldorf and the Germanisches Museum in Nuremberg want to follow suit.

Bak looks round in newly-oponed exhibition of body art with interest. He confirms conceptional art as being one of the most significant and relevant forms the new generation of painters is using.

Even though to the superficial eye his style may seem to be very different, Bak believes this form of expression to have many points in common with his own art. There are many conceptional forms and ideas to be found in the complexity of Bak's work, only they are expressed in a style which makes the cruel and terrible content more acceptable by disguising it in familiar forms.

That afternoon, a meeting, planned by me and not revealed to Bak until now. Frau Bubis, a congenial, enterprising forty-year-old, possessing the charm of a mature woman spent like Bak the post-war years in the camp at Landsberg, an internment camp for the persecuted and displaced persons from ghettos and concentration camps. She had obtained my address in a roundabout way. Bak, he is the link with the past and by this means she lays claim to a part of his fame. A small oil painting with a personal dedication hangs on the wall. There is much show of feeling on meeting. Good and bad memories are called to life, gaps filled in, names recalled from the past. Two people, who could not be more different in character and in their way of life, yet strongly linked by their suffering.

And then something comes which is a surprise even for me: she has recorded the television portrayal on videotape and hopes to surprise us with this. It is like a dress rehearsal that takes place before the planned presentation to an audience of invited publishers, museum directors and friends like Ephraim Kishon, at present staying in Munich. I ought to be annoyed, but I am not as I know how much she has looked forward to this moment, how much it means to her to make the surprise a success. The spontaneity of the moment replaces the gradual, carefully prepared harmony I had planned. The daylight, the poor quality of picture and sound, they cannot be compared with those of the original.

I do not even attempt to make the necessary explanations. I am only restless, search his face for a reaction. How will he take to this transformation of his pictures, of himself. His face remains uncommunicative, but I can sense how he is making a great effort to critically examine himself and my work, summoning new energy to cope with what he has seen. He says nothing when it is over, only his reddened eyes bear witness to his agitation, and I know I have his support.

Germany – I am uncertain whether its features have emerged clearly from these short snapshots, whether it has unmistakably demonstrated to Bak the new spirit it has so often claimed. Germany – I firmly believe that this time there is no self deception, all doubts about its true rebirth mus be rejected. At the end of our strenuous and even more problematic journey – Nuremberg. We are there at the invitation of the Dürer Society which decided at an early date to exhibit Bak's work. Mathias Prechtl, painter and illustrator, initiator of many important and internationally recognized exhibitions, the *Hommage à Dürer* for the Dürer year, for instance, guides us round the city of the Middle Ages, home of the great German painter and illustrator. I think of the *Traveller,* Bak's monumental triptych of the early 70s which I stood in front of a few weeks ago in the Jewish Museum in New York, my "German spirit" deeply moved. This modern interpretation and transformation of Melancolia is indeed an impressive record of the spiritual analysis of Dürer's work, but Bak's artistic and technical affinity to the great master of the Renaissance only becomes fully and compellingly evident in his drawings and pencil sketches. The accuracy and clarity of line, the precise, fully developed subject through the sparse medium of drawing, the abundance of fine detail that corresponds as if by chance to the intensity of the message, the forceful and yet cautious handling of the pencil, the flowing pen-line always controlled, the softness of the pastel crayon that is never blurred, the perfection and facility, all this recalls the master of drawing and etching of the fifteenth century.

We approach the Germanisches Museum, but the noise of traffic and the exhaust fumes prevent us from preparing ourselves, drive away every notion of the sublimity and greatness that await us. Almost as if I feel guilty, traitorous, seek to flee from the present, I turn round once more. This century, with its rather doubtful achievements, has not been kept out of this old imperial city by its venerable walls, indeed how could it have been. The era in which this city gloried in being the most southern German art metropolis, counting Veit Stoss and Dürer among its sons, seems to have been forgotten by its inhabitants, and regarded by visitors and tourists as a questionable attraction. Time is shut out when we finally enter the museum, but the silence that greets us is the silence of distrust. His face is uneasy. The quivering corners of his mouth, the flickering eyelids betray the tension. The expectation is great, but perhaps the fear that it will be fulfilled is greater. All the reservation, scepticism and resentment stored up for decades seeks to be released here in the most German of all towns, in the most German of all museums, by the most German of pictures. His hands try unsuccessfully to cover up his nervousness and the tension. I, too, do not remain unmoved, I sense the importance of this moment, the uniqueness of this opportunity to conclude a peace treaty which has been put off too long. He tries to catch my eye, but I do not want to help, I want him to find the strength himself to make this decision. And then it is made, in the space of seconds, when he is confronted with the Dürers, Altdorfers and Baldung Griens. At first incredulous, then amazed, and finally deeply moved. What I had hoped proved true: his love of German music and German paintings are links that were never broken, never touched by the history of this century. The encounter with the fifteenth century masters of German painting has become a decisive point in his first visit to Germany. In silence we walk along the path of art history, our souls moved beyond the limits of frontiers, time, culture and belief.

*The day of departure*

"I long doubted whether I should be able to summon up the strength. I am now quite certain that I shall find no peace if I do not take up this burden, now, today. I beg you not to let me go alone!"

It was 7 a.m. when we entered the former concentration camp at Dachau, together, the painter Samuel Bak and the author of this book.

*Addendum*

Dear Rolf,

It is too early for me to order all the thoughts which, even after my visit to Germany, still occupy my mind, and to justly and correctly evaluate the very intense experiences I had there.

Too much was new, too much unexpected, and at the climax, my first encounter with the film you created.

The strange feeling of being confronted with myself, to see myself beyond my own ego – uncontrollable, only a helpless onlooker – all this was terrifying and comforting at the same time, for I always knew that I was safe in your hands. The sensitivity with which you understood everything, the empathy with which you understood all my intuitive feelings, the responsible and yet careful way you asked yourself difficult questions, seeing all this has made me happy.

The warmth of your hospitality, the solicitude shown by you and Gudrun, which surrounded me and accompanied me wherever we went, was an invaluable help. It was all much easier and more pleasant that I had imagined. How can I find the words to thank you for all this.

I have often wondered whether a visit to Germany that excluded Dachau would have been possible.

I was afraid of facing the past at such close quarters, and many friends advised me against it because the shock would be too great and I would need too much time to recover from it.

Now I am glad that I found the courage. Now I believe even more than before that one cannot run away from memories. It is only when we have learnt the lessons of the past that we can be at peace with the present.

I now know that this visit to Germany was only the beginning. My plans in Europe and in Germany will give us the opportunity to see each other often and to deepen our friendship even more. I am impatiently looking forward to the weeks in summer we shall spend together in your house in the South of France. We shall have plenty of time then to think about these days and to make plans for the future.

But what touched me most was your personal, intense concern during our difficult and painful visit to Dachau; I think that it must have needed a lot of courage to voluntarily lay oneself open to such highly-charged feelings. All the marvellous memorable events beforehand pale against the intesity of this one experience. The very same night, sitting in the comfort of a Boeing which took me to New York via Paris, I thought a great deal about us.

I saw us walking through a silent expanse of land, caught up in the monuments to the past from which it seems to have become impossible for us to free ourselves. I could hear the sound of our footsteps, repeated like a clear echo in the morning air. We spoke not a word. Who could find the courage to disturb the silence which was so significantly present everywhere. The mute language of the barracks, the soundless reproach of the photographs and documentation, the domestic cleanliness of the crematorium set between harmless green and flowering trees, all this seemed so far away, and yet so near.

A world as alien and incomprehensible as another planet, with a reality our spirit refuses to accept as its own and for which it can find no words. Pain, suffering, anger and shame had become inexpressible. Just as the important and the really significant elements in art cannot be explained in words, I believe it is similar where friendship is concerned. What we feel so strongly and intensely that it renders us speechless, is still communicated to us by what we refer to as our soul.

In these few hours of silence we said more to each other than words could ever have done. And I believe that this day was an important and strengthening element of our friendship. I believe that we have come to have so much in common that this silent dialogue continues even when there is a whole ocean between us.

In all friendship,
Samy

# Monuments de nos Rêves

Rencontres en esquisses, lettres, annotations
avec le peintre Samuel Bak

1933
12 août, naissance à Vilnious (Pologne)

1937
Une vague d'antisémitisme contraint ses parents à le retirer du jardin d'enfants polonais qu'il fréquente. Il entre dans un jardin d'enfants juif où il apprend le yiddish.

1938
A Berlin, le poète, peintre et musicien juif Arno Nadel (oncle de sa mère) l'encourage à se consacrer à l'art.

1939
Vilnious est occupé par les Russes. Son premier jour de classe est aussi le dernier. L'endoctrinement russe l'effraie.

1940
Vilnious est occupé par les Allemands. Son père est envoyé dans un camp de travail. Ses grands-parents et autres parents sont assassinés dans la forêt de Ponary. Mère et fils sont enfermés dans le ghetto de Vilnious.
Il réussit à fuir et à se cacher dans un couvent de Bénédictines.
Le couvent est occupé par les Allemands, il doit retourner dans le ghetto.

1942
Première exposition de dessins dans le ghetto de Vilnious.

1943
Juste avant la destruction du ghetto de Vilnious, il est envoyé avec ses parents par les SS dans un camp à la périphérie de Vilnious.

1944
Peu de jours avant la libération de Vilnious par les Russes, son père est fusillé par les SS dans le camp.

1945

Premières études artistiques chez un professeur de l'Académie de Vilnious.

Fin de la seconde guerre mondiale. Mère et fils fuient Vilnious. Leur but: la Palestine. Ils traversent La Pologne et l'Allemagne et se faufilent dans la zone d'occupation américaine. Internement dans le camp pour personnes déplacées de Landsberg (Haute-Bavière).

1946

Premiers essais de scolarité par des professeurs amateurs. Les langues de l'enseignement sont le polonais, le yiddish, l'allemand et l'hébreu.

1946–1948

Il fait des études de peinture à Munich, chez le Professeur Blocherer et découvre les richesses de l'art de Bavière.

1947

Sa mère épouse Nathan Markowski, un prisonnier libéré du camp de concentration de Dachau dont la femme et les enfants ont péri sous le régime nazi.

Pendant un voyage à travers les camps de réfugiés juifs, Ben Gourion visite l'exposition de ses dessins accrochés à Bad Reichenhall. Les premiers travaux datés sont publiés dans »*Vorwerts*« à New York. Il est profondément marqué par sa première rencontre avec l'art moderne à l'occasion d'une grande exposition comportant des prêts du Musée d'Art Moderne de Paris, à Munich.

1948

Il se rend, en passant par la France, illégalement en Palestine où il arrive pendant la guerre d'indépendance que mène l'Etat d'Israel qui vient d'être fondé.

1949

Il s'installe à Tel Aviv.

1952

Il entre à la Bezalel Art School de Jerusalem.

1953–1956

Service militaire dans les forces armées israéliennes.

1956

Il travaille à des décors et costumes de théâtre pour les théâtres Habimah et Ohel de Tel Aviv. Il reçoit le Premier Prix de la fondation culturelle américano-israélienne. Il se rend à Paris où il entre aux »Beaux-Arts« chez le Prof. Jean Souverbie.

1957

Il fait des études de la peinture de théâtre en Angleterre et en France grâce à une bourse de »l'International Théâtre Institute«.

1959

Il épouse une étudiante en arts, Annalisa Cantoni. Il s'installe à Rome.
Première exposition individuelle à la »Galleria Schneider« de Rome (Paysages en style semi-abstrait).

1960

Naissance d'une première fille, Daniella.

1961

Invitation d'exposer à la »Carnegie International« à Pittsburgh.
Seconde exposition individuelle à la »Galleria Schneider« de Rome.

1962

Naissance d'une seconde fille – Ilana.
Il participe à l'exposition »Forms Today« au Bezalel National Museum de Jerusalem.

1963

Exposition individuelle de collages abstraits à la »Galleria Liguria« de Rome. Voyages et séjour prolongé en Israel. Expositions individuelles au Musée d'Art Moderne de Tel Aviv et au »Bezalel National« de Jerusalem.

1964

Il dessine des décors pour les théâtres israéliens de renom et pour la »Volksbühne« de Berlin.

1965

Expositions individuelles à Rome, Londres et Bruxelles. Participation à différentes expositions internationales d'art contemporain. Son style actuel se développe.

1966

Exposition à la »Galleria Schneider« de Rome.
Il se réinstalle en Israel.
Exposition individuelle à la »Gordon Gallery« de Tel Aviv.

1967

Exposition individuelle à la Roma Gallery, Chicago. Un vaste groupe de ses tableaux est accroché à l'exposition »Image and Imagination« à Tel Aviv.

1968

Exposition individuelle à la »Modern Art Gallery«, Jaffa où de nombreux tableaux ayant pour sujet »Mètamorphoses des poires« sont exposés.

1969

Exposition individuelle à la »Pucker/Safrai Gallery«, Boston. Un groupe de travaux est exposé au Fuller Memorial, Brockton Art Center.

1970

Il emménage dans son studio fraîchement construit près de Tel Aviv.
Exposition individuelle au »Bronfman Cultural Center«, Montreal.

1971

Naissance de sa troisième fille – Michal.
Exposition à la »Hadassah »K« Gallery« de Tel Aviv où pour la première fois de nouvelles versions de ses tableaux aux échecs sont accrochés.
Première visite aux Etats-Unis à l'occasion d'une exposition chez Pucker/Safrai, Boston.
Mort de sa mère.

1972

Après une longue maladie, mort de son beau-père.

1973

Exposition individuelle à la »Hadassah »K« Gallery« de Tel Aviv.
Premiers tableaux aux personnages aux ailes mécaniques.
Séjour d'études à New York et aménagement d'un atelier.

1974

Exposition individuelle chez »Aberbach Fine Art« de New York.
La première grande monographie de l'artiste paraît.

1975

Seconde exposition individuelle chez »Aberbach Fine Art« de New York.
Exposition des tableaux les plus importants au Musée Juif de New York.
Collaboration au film »Automne du monde – Samuel Bak, peintre d'Israël«. (Seconde chaîne de télévision ouest-allemande.) Reportages et interviews sur des programmes culturelles de différentes sociétés de télévision américaines.

1976

Rétrospective au Rose Museum de Boston.
»Images de fuite et de destruction« (Reportage en images sur la première chaîne de télévision ouest-allemande).
Exposition individuelle à la Gallery M. Berger de Pittsburgh.

1977

Exposition individuelle à la Galerie Ketterer de Munich.
Début d'une exposition rétrospective itinérante de deux ans dans les grands musées allemands, entre autre »Germanisches Museum« (Nuremberg), Kunstmuseum (Dusseldorf), Rheinisches Landesmuseum (Bonn), Kurpfälzisches Museum (Heidelberg).
De nombreux musées et des collectionneurs privés possèdent des oeuvres de Bak. La bibliographie fait état – en dehors de nombreux catalogues – d'un grand nombre de publications dans des journaux d'art, revues et journaux américains, israéliens et européens.
Samuel Bak vit et travaille aujourd'hui soit à Tel Aviv soit à New York.

*17 avril 1972*

Jaffo, la vieille ville de Tel Aviv. Saison des vents chauds soufflant du désert. Des jardins avoisinants, des feuilles desséchées d'oliviers très anciens volent sur la vaste place déserte. Les pierres usées du vieil escalier brûlent sous mes pieds. Epuisé par le soleil brûlant, cherchant l'abri des gros murs frais, je pénètre dans le labyrinthe inextricable de ruelles ombragées. Un touriste? Non, davantage: un ami toujours revenant vers le nouvel Israel. Amateur d'art et de peinture, je ne manque jamais de visiter la galerie d'art moderne. Un frisson me monte le long du dos en sueur. Un tableau me tire dans son sillage. *Galatée,* dont la mythologie dit que de par la grâce des dieux, elle retrouva la vie après avoir été statue, se retransforme en pierre sous mes yeux. Je crois entendre son gémissement étouffé. Rédemption ou damnation? Réalité perdue ou déjà retrouvée? La pièce peu élevée semble s'abaisser davantage sous le poids du tableau, les murs passés à la chaux se rapprocher sous son mystère. Un peintre à l'expression nouvelle, impérative. Peint avec la précision des maîtres anciens, encore jamais vue dans la peinture moderne, son auteur ne peut renier l'Ecole des peintres de la Renaissance. Le rapport au temps est d'un angoissant présent, et pourtant je ne puis le saisir. Un tableau plein de mystères que je ne puis dénouer. Il ne me reste plus qu'à être saisi.
La propriétaire de la galerie, une vieille femme au visage ridé, sculpté par la peine, les cheveux décolorés blond-cendré, s'approche de moi, me salue avec un fort accent russe – comme un vieil ami. »Bak – un grand artiste!« dit-elle avec orgueil, comme si elle parlait d'Israël. »Samuel Bak?«, presque tendrement, elle ajoute le prénom. Et puis – avec précaution et une amorce d'excuse, »je ne pourrais pas vous vendre ce tableau, vous êtes allemand – un ami sûrement, mais« –, un haussement d'épaules en signe de regret, – »Bak ne vend pas aux Allemands!« Elle a dit cela d'un ton décisif qui interdit toute question.

*Le soir du même jour*

Je suis étendu dans ma chambre d'hôtel. Des doutes montent en moi. Bak ne vent pas aux Allemands – je ne veux pas me le tenir pour dit. Le ton péremptoire me dérange. Je veux m'en convaincre moi-même. Bak – l'annuaire du téléphone ne m'est d'aucun secours. Le portier de l'hôtel ne sait pas de qui il s'agit. Des amis ont promis de rappeler s'ils trouvaient quelque chose. Enfin! Zvi Spielmann, un producteur de films de mes amis a l'adresse et le numéro de téléphone. Allongé, je reste longtemps éveillé et fais des recherches sur ma culpabilité. Des questions se pressent, terrassantes, mais les réponses doivent rester petites et misérables. Découragé, je tombe dans un sommeil agité au souffle court.

*18 avril 1972*

Le lendemain matin. Des rêves lourds et sombres m'ont tourmenté. Mais le jour nouveau fait monter prudemment un courage nouveau. »Malgré tout, tu restes un Allemand« – je m'oppose à un tel sentiment de culpabilité collective et je compose le numéro. J'ai de la chance, il répond lui-même. Je ne veux pas renier mon pays et je lui demande – dans ma langue – la permission de visiter son atelier. Une voix profonde, presque circonspecte, cherche déjà des excuses dans un anglais impeccable. Une exposition pour laquelle il doit peindre et qui lui prend tout son temps. Un regret poli, réservé, »Shalom, peut-être lors de votre prochaine visite en Israël«. Et encore le temps d'un long soupir retenu puis il raccroche, presque apeuré. C'est mon dernier soir en Israël. Demain – très tôt – je reprends l'avion pour l'Allemagne. Pour la première fois, ce sera un adieu empli de doute. Doute, si derrière les mille gestes de réconciliation et de compréhension que j'ai connus dans ce pays ne se cache pas quand-même une autre réalité. Fausses conclusions? Pensées trop affectives? Déprimé et décontenancé, je monte dans le Boeing de la Swiss-Air. Reviendrai-je seulement?

Deux ans plus tard. De nouveau mon dernier jour en Israël. »Bak ne vend pas aux Allemands« – je ne l'ai pas oublié. Bien qu'un certain laps de temps se soit écoulé depuis ma dernière visite, ce jour m'est tout-à-fait présent – Galatée, la force et la fascination d'une oeuvre extraordinaire mais aussi le souvenir du déboutement humiliant de son auteur. Depuis des jours, je pose la main sur le téléphone et puis le courage de composer le numéro me manque. Peut-être à l'occasion d'une prochaine visite. Et alors, soudain je sais que je ne puis hésiter plus longtemps, je dois à nouveau me confronter avec le passé, maintenant et aujourd'hui trouver la réponse. Décidé, je compose le numéro. D'abord l'irritation attendue, la recherche de nouvelles excuses. Mais comme je ne m'avoue pas vaincu, il se reprend. Plus aussi sûr de lui, avec une nuance d'incertitude: »Je me souviens de votre appel. Il doit y avoir deux ans de cela.« Et après une pause qui me paraît sans fin: »Si vous voulez, venez ce soir. Peut-être est-ce un bon jour pour cela!« Soulagé, je raccroche et me demande, un bon jour pour quoi?

*Soir du même jour*

En taxi pour Savyon. Sensation d'oppression avant la rencontre tant désirée mais aussi excitation à la pensée de ce qui m'attend. Une adolescente m'ouvre et m'introduit dans une grande salle de séjour. Mes yeux doivent se faire à la demi-obscurité. Aux murs, une série de tableaux bouleversants, indubitablement de la main du peintre. Sur le rebord de la cheminée des bougies allumées. Le vent soufflant par la porte ouverte de la terrasse fait trembler leur mèche. Je ne sais ce qu'elles signifient mais le pressentiment de quelque chose de grave monte en moi, m'oppresse, me fait suffoquer – et déjà il est réalité.

Les bougies ne servent pas à la décoration ni à créer une lumière expressive. Un instant, je crois les voir brûler devant des photographies jaunies et floues. Enfants, vieillards, hommes et femmes dans la force de l'âge, peints de mémoire, semblent se presser dans la pièce. »Peut-être est-ce un bon jour pour cela!« Mon Dieu! Qu'est-ce que ce jour? Je n'ai pas le temps de poursuivre mes réflexions. Bak se tient dans le chambranle de la porte. Un petit homme frêle, en jeans délavés. Les longs doigts graciles croisés devant lui comme pour la prière.

Le visage enveloppé dans une barbe noire tient du sérieux d'un prophète. La bouche y est taillée en lignes douces et douloureuses. Derrière les lunettes sans entourage, des yeux emplis d'humilité et de tristesse. Un visage semblable à l'histoire cruelle des Juifs eux-mêmes. Et pourtant ce n'est pas le reproche pour les 2000 ans de persécution et d'humiliation qui me regarde. Réserve, pas de réprobation, ni même de méfiance. Une légère inclination de tête, presque timide. Les mains restent croisées. De par son installation dépouillée, l'atelier est impressionnant.

Sur le chevalet »*La Famille*« un tableau monumental d'une réalité grise dont je sais aujourd'hui qu'il compte parmi les oeuvres les plus importantes que Bak ait exécutées jusqu'à ce jour. Un rassemblement de visages et de personnages, comme dans un portrait de groupe. Des visages énigmatiques. Des souvenirs ont guidé la main du peintre, mis à nu le combat désespéré, pour rassembler autour de lui les images de tous ceux qui ne sont plus. Certains d'entre eux sont revenus sous forme de visages plats, à deux dimensions. D'autres en monuments inachevés qui ne nous montrent que des parties de leur être connu. Au cours d'un entretien ultérieur, dans un autre lieu, j'apprends que le groupe est dominé par le visage de l'arrière-grand-père qui dut être une personne extraordinaire, possédant un don génial pour les inventions techniques. A côté de lui, le grand-père de Bak qui fut blessé dans la guerre russo-japonaise et tous les autres membres de la famille disparus dans les guerres, fusillés, et gazés dans les camps de concentration. Ils vivaient dans leur paradis d'avant-guerre, aveugles devant le destin qui les attendait. Rêves torturants, rendus en différents degrés de vitalité. Une génération plus tard, la mémoire de Bak est allée chercher les visages de la famille perdue mais il ne peut les saisir qu'indistincts et fragmentaires. Dans un no man's land entre la vie et la mort, ils l'exhortent à la vigilance éternelle.

Bak continue à se taire, il m'abandonne à mes pensées, ne me porte pas secours dans ma gêne. Que faire de ma culpabilité? Le tableau me l'exprime comme un tribunal divin, trop lourde à porter seul. »Les natures mortes vous aideront.« Enfin un mot réconciliateur qui me délivre de ma détresse. Son anglais a le chaud accent oriental du yiddish. »Tout cela, ce sont les tableaux pour mon exposition de New York, en automne.« Il me conduit d'un tableau à l'autre. Natures mortes d'une beauté suffocante. En elles, la vie est fiévreuse, pleine de choses qui ne sont pas ce dont elles ont l'air. Des choses qui s'écroulent quant elles veulent être support. Emprisonnées dans des armures. Des fruits, auxquelles on se casse les dents. Des matières lourdes comme des pierres. Soudées par des rivets, tenus par des jambes de force et pourtant le sentiment de l'intemporel leur reste. Saisi, il me vient aux lèvres: »Il devait se passer bien des choses en ce bas-monde pour nous éloigner tant des natures mortes de Cézanne et de Matisse.« Un premier sourire vague se fondant en une imperceptible inclination de la tête. Des ondes encore à peine mesurables mais déjà dans la pièce. Je reprends courage, pose des questions sur la technique, les couleurs, structures et composition; je me défais de mon embarras, j'ose me risquer à des interprétations. Les réponses parviennent, hésitantes mais déjà obligeantes. Un accord serait-il possible? La confiance commence à germer, monte d'instant en instant.

Le passé brûlant à fleur de peau se retire lentement. Mon anglais n'est pas assez bon mais je fais volontiers un effort. »Continuons dans votre langue. Ce sera plus simple et nous en profiterons davantage tous les deux!« Je ne puis que dire merci, je sais combien cette décision lui a coûté. Et comme s'il devait la justifier pour lui-même: »Je fais aujourd'hui beaucoup de choses qui pour moi étaient impensables hier encore – et ce qui est le plus étonnant, c'est que je ne dois même pas me forcer.«

Il sort un carton noué avec soin. De petites aquarelles représentant la vie dans le ghetto et qui permettent déjà – dans toute leur puérilité – de déceler la force d'expression future.

»Elles me sont revenues, après bien des aventures, des émigrants me les ont rapportées. Je les ai peintes à 10 ans, dans le ghetto de Vilnious.« Puis – sans excitation – avec une précision de chroniqueur, il me parle de l'exécution de son père par les nazis, de sa mère avec laquelle il a gravi le dur chemin à travers ghettos et camps de concentration. Il parle beaucoup de ses proches parents qui ont été gazés ou fusillés à Dachau et Ponary, à Auschwitz, Bergen-Belsen et Mauthausen. Envahi par la honte, je ferme les yeux. Je ne peux soutenir son regard. C'est trop! Mes forces me trahissent quand-même. Lorsque je reprends enfin courage et lève les yeux, je ne vois pas trace de haine dans son visage et je n'en suis même pas soulagé.

Avant de quitter l'atelier, nos regards se portent encore une fois en arrière. Peut-être pensons-nous tous deux à la même chose: un long chemin du ghetto de Vilnious à la Madison Avenue de New York.

Nous sommes de nouveau dans la salle de séjour. Les bougies ne sont plus que bouts de chandelle. Il est minuit. Bien qu'encouragé, le collectionneur que je suis ne cède pas à la tentation.

»Bak ne vend pas aux Allemands«, j'ai compris davantage que je ne puis supporter maintenant. Ce n'est déjà plus une démonstration mais seulement une façon de s'exprimer et je ne veux plus croire à son caractère définitif. Mais il n'est ni lieu ni temps de procéder à des corrections.

Je ne puis cacher mes pensées, il n'a plus qu'à les lire dans mes yeux. »Notre ami commun m'a dit que vous vouliez acheter un tableau. Je souhaiterais justement pouvoir réaliser ce souhait pour vous mais tous les tableaux que vous avez vus sont destinés à l'exposition de la Galerie Aberbach Fine Art de New York.« Avec un certain orgueil, il module ses mots en nommant la galerie puissante et influente. Puis au moment où je suis en train de prendre congé, il a quand-même une idée. »Hadassa Klatschkin! Vous la connaissez? Ces dernières années, j'ai exposé plusieurs fois dans sa galerie et c'est une bonne amie. Peut-être pourriez-vous remettre votre départ à ce soir. Je vais lui téléphoner. Je sais qu'elle réserve quelques-uns de mes oeuvres moins importantes à des amis.« Presque embarrassé: »J'ai la chance de vendre davantage que je ne puis peindre. Allez-la voir. Elle sera contente de parler allemand avec vous.«

Succès inespéré mais le plancher sur lequel nous évoluons est encore bien fragile. Nous devrons resserer des jambes do force, les munir de charnières et les souder avec des rivets, nous devrons mastiquer les lézardes comme Bak le fait du passé dans ses tableaux. Et pour finir, nous serons heureux si seulement ce passé nous porte. Un nouveau genre de compréhension, le seul possible, ainsi, comme un nouveau genre de beauté s'exprime dans les tableaux de Bak, le seul encore concevable aujourd'hui. Quand, au terme de notre rencontre, je suis juste en train de comprendre cela, le vent fait claquer la grand porte de la terrasse, comme s'il voulait y mettre le holà.

Appeurées, les mèches des petites bougies se penchent, les flammes dansant nerveusement, menacent de s'éteindre. »Aujourd'hui, c'est Yom Ha Shoa, le jour où nous commémorons nos morts des camps de concentration.« Jetant un regard anxieux sur les bougies dansant de plus en plus: »Selon notre foi, elles ne doivent pas s'éteindre avant que la nuit ne s'achève.« Yom Ha Shoa! Peut-être est-ce un bon jour pour cela? Un bon jour pourquoi? Enfin, je le sais.

Le temps doit s'écouler. Une nouvelle rencontre à ma prochaine visite. Une lettre – espoir d'un signe d'encouragement. Je dois comprendre qu'il n'y a pas d'absolution aujourd'hui, pas plus que dans mille ans. Et il doit trouver lui-même la force de se libérer de son isolement volontaire. Peut-être cette soirée a-t-elle fait mûrir le temps plus rapidement.

*21. avril 1974*

J'ai reporté mon départ à la soirée. Hadassa Klatschkin, femme d'un acteur israélien célèbre, fait partie du petit cercle fermé des peu de survivants qui ont fondé Tel Aviv. Sa force et son tempérament intacts, elle souligne encore et encore qu'elle est la douleur dont elle souffre après la perte que lui cause la vente d'une nature morte, si petite soit-elle. Les mouvements grâcieux de son corps, les gestes théâtraux de ses bras, le tout respire l'élégance malgré son âge avancé. Le profil classique pronocé, les yeux enfoncés encore brillants, la démarche altière, l'ensemble permet aujourd'hui encore de reconnaître la beauté célébrée du temps passé. Elle parle avec orgueil de tous les gens célèbres qui lui ont acheté des tableaux, d'Isaac Stern, Leonard Bernstein, David Oistrach à Bernie Cornfield. Une femme fascinante au bout d'une vie remplie par l'amitié et la souffrance.

»Oui, Samy m'a parlé de vous!« Je ressens l'affection qu'elle éprouve en prononçant son nom. Puis, elle me tend une petite nature morte: »Je vous permettrai de l'acheter.« On l'appelle à ce moment-là au téléphone et j'ai le loisir d'un premier entretien prudent avec le tableau. Je pense aux autres natures mortes que j'ai vues hier, j'essaie de classer celle-ci; je me souviens des interprétations de son auteur jusqu'à ce que – lentement – commencent à se former des pensées personelles.

On peut comparer les natures mortes de Bak au travail d'archéologues capables de former à nouveau toute la réalité à partir de quelques fragments authentiques. On pourrait voir, en Bak, l'archéologue de la nature morte cubiste qui essaie de ramener la réalité d'une culture perdue. Bak détruit les vieilles formes familières et les dresse en une illusion de réalité. Elles sont devenues différentes, destinées à un autre usage, pourtant nous savons qu'il s'agit en vérité de ces mêmes objets et fruits anciens, parties de nos expériences quotidiennes. Les natures mortes de Bak nous paraissent morcelées, rompues, mutilées, mais bien plus que vouloir

documenter la destruction ou la chute de notre univers, elles représentent l'essai de reconstruction d'une réalité perdue et égarée. Mais il a été toujours touché par la force de l'esprit qui pousse l'homme à recommencer encore et encore. Il a vue en Israël comment les rescapés de familles détruites ont su se reprendre. Il a vu des gens qui ont encore su repartir à zéro, refaire leur vie. Le résultat n'est aucunement comparable à celui obtenu dans d'autres pays mais il témoigne de la grandeur et de la nature indestructible de la volonté humaine. Bien sûr, les natures mortes cubistes de Picasso, Braque et Gris ont dû précéder celles de Bak et encore plus les terribles tourments de la destruction et de l'extermination ressenties dans sa vie et dans celle de son peuple. Le dialogue avec ce petit morceau de toile peinte, à peine plus grand qu'une feuille de papier à lettre, que je tiens entre les mains est interrompu. Hadassa, comme l'appellent affectueusement ses nombreux amis, est revenue. L'adieu est cordial »Shalom – et puis saluez l'Allemagne de ma part. Il y a bien longtemps qu je n'y suis plus allée – trop longtemps. Je n'ai jamais cessé de l'aimer.«
En taxi pour l'aéroport. Dans mes bagages, le nouveau bien tout juste acquis – et le bonheur toujours renaissant du collectionneur.

*24. avril 1974*
La petite nature morte a trouvé place dans ma collection, encadrée de deux importants tableaux de jeunesse de Korab. Des comparaisons se pressent bien que les points de départ soient si différents. Les deux artistes – semble-t-il – ont saisi le même univers lors de son écroulement, son effondrement; tous les deux ont rendu son déclin en pleine beauté. Mais là où Korab morcelle pour trouver de nouveaux moyens pour son jeu artistique de formes, de surfaces et de couleurs, la destruction est – chez Bak – l'expression d'un profond désespoir philosophique. Ce qui sur la toile produit un effet de froideur et de distance s'enfonce ici comme un plomb dans les tréfonds des angoisses et des misères humaines. C'est une géométrie joueuse qui se place contre une philosophie déjà perdue. Bak se défend de reconnaître encore le définitif de la perte et il sait pourtant combien ses efforts sont désespérés. Encore une fois et ne serait-ce que pour un dernier souffle de temps, les valeurs traditionnelles sont conjurées mais la coupure est définitive, le passé irrécupérable. Des fragments qui ne font que semblant de se rassembler. Le monde intact, s'il le fût jamais, perdu pour toujours. Seules restent encore les illusions d'une réalité depuis longtemps disparue. Le petit tableau ne me pose pas d'énigmes. Serrures qui ne ferment pas, jambes de force qui ne soutiennent pas, charnières qui ne se tournent pas, vis qui ne serrent pas, rivets qui ne tiennent pas, – il n'y a pas d'échappement, à la rigueur un délai. Comme dans toutes les natures mortes de Bak, c'est l'automne et son automne a quelque chose du définitif de la séparation. Le printemps se fera longtemps attendre, si toutefois il revient.

*28. avril 1974*
Une lettre non attendue, bien qu'espérée. Elle remue en moi tous les sentiments dont je suis capable.

Cher Monsieur,

nos entretiens téléphoniques, notre première rencontre, votre visite chez moi – tout cela est encore bien vivant à mes yeux. Comme nous ne pouvions sûrement pas en attendre autrement, il était inévitable de laisser s'écouler le temps avant que nous ne puissions nous ouvrir et être prêts l'un pour l'autre. Et pourtant que de choses restèrent inexprimées ou furent rendues impossibles par la barrière entre nos deux langues. Excusez-moi d'écrire cette lettre en anglais, je sais bien que sa traduction vous donnera une certaine difficulté mais comment pourrais-je me faire comprendre autrement? Bien que je puisse me faire comprendre dans une conversation il m'est par contre impossible de consigner mes pensées dans votre langue.

La raison de ma lettre est une pensée qui m'agite et ne me lâche plus depuis votre départ. Je pense que je me suis conduit avec froideur et réserve envers vous et je me demande si vous avez compris les vrais sentiments qui m'ont poussé à cette retenue. Ne vous ai-je pas donné – sans que cela fût mon dessein – l'impression de nourrir des préjugés à votre égard, rendant impossible un contact direct et personnel?

Je vous prie d'essayer de me comprendre. Avant que vous ne soyez Rolf Kallenbach celui que je commence lentement à connaître et à comprendre, vous étiez pour moi un représentant de l'Allemagne. Ceci déclenchait pour moi un mécanisme d'auto-défense cherchant à éviter tout contact avec de vieilles cicatrices et quelquefois des blessures qui ne sont toujours pas encore refermées. Vous n'êtes pas seulement une partie de mon passé mais vous déterminez aussi mon travail artistique tout entier. La dernière des choses que je veuille est de donner à quiconque l'impression de préjugés dont j'ai moi-même tant souffert et fus la victime.

Comment pourrais-je en faire autant aux autres. Bien loin de moi de vouloir me faire juge de l'humanité et de condamner des êtres humains. J'essaie toujours de considérer les autres comme des individus; si je ne parviens pas toujours à me délivrer de l'ombre de mon passé, veuillez me le pardonner. Plus je pense à votre visite plus je crois qu'elle sera un tournant dans ma vie. Si je suis devenu déjà une espèce de témoin s'exprimant à l'aide de la peinture, que peut valoir mon témoignage s'il n'éclate pas aux yeux de tous ou bien s'il n'est accessible qu'à un public restreint.

Et puis pensez qu'il ne s'agit ici pas seulement du passé mais bien plus de la signification que les témoignages pourraient avoir pour le présent. Le mal – même s'il semble bien loin aujourd'hui – continue à proliférer. Peut-être que mes efforts en tant qu'artiste pourraient contribuer à l'éliminer à jamais. Après tout – s'il existe en Allemagne des gens susceptibles de montrer un intérêt pour mon travail et si – grâce à votre aide – un certain public puisse être touché, mon oeuvre aurait atteint sa signification. Et même si cela signifie pour moi de devoir renoncer en partie aux murs protecteurs de ma tour d'ivoire israélienne.

Il n'y a, me semble-t-il, aucun moyen capable de renverser les aiguilles du temps.

Je serais heureux si vous ne vous découragiez pas et m'écriviez bientôt.

Bien à vous

Samy Bak

*Mai 1974*

Je commence à réfléchir sur les moyens personnels dont je disposerais pour rendre accessible aux Allemands la fascination des tableaux de Bak. Je m'adresse à des amis amateurs d'art, à des galeries, des musées. Je tâte le terrain auprès des critiques d'art et des collectionneurs. Parfois, on se souvient vaguement de publications américaines, de quelque reproductions dans des catalogues d'expositions italiens et français, connaissances généralement superficielles – sans contexte. On feint de l'intérêt où il n'y en a pas encore. Bak – si le nom a déjà été entendu, il semble que cela soit par hasard – on ne sait où le ranger. Son retranchement voulu contre l'Allemagne l'a condamné – la plupart du temps – à rester inconnu dans les milieux artistiques ou auprès des amateurs d'art. Seuls, les cercles de collectionneurs juifs de riches villes d'affaires comme Francfort, Düsseldorf et Hambourg possèdent de ses oeuvres. La force d'expression de Bak et ses fortes qualités de peintre ont été accueillies avec grand intérêt et reconnues, en partie avec euphorie, dans les métropoles telles New York, Londres, Paris et Rome – l'Allemagne en est restée intouchée. Un fait absurde semblant bien nécessiter des corrections radicales et rapides. Mais dois-je faire de cela mon affaire personelle? Puis-je me choisir moi-même de faire le médiateur? Et ce premier contact, a-t-il suffi à disposer Bak en ce sens?

*18 juin 1974*

Après une certaine période de correspondance régulière, nos relations se sont si bien consolidées que nous discutons de problèmes nous touchant tous deux, naturellement et sans réserve. Peut-être que dans un avenir lointain naîtra une amitié, à force de patience et de compréhension mutuelles pour la situation particulière dans laquelle se trouve chacun de nous. Bak partageant mon point de vue préconisant l'importance de faire connaître ses oeuvres à un large public plutôt qu'à un cercle intellectuel restreint d'amateurs d'art, il n'y a rien de plus naturel que de penser à la réalisation d'un film d'autant plus qu'une telle idée cadre avec mes expériences professionnelles et mes tendances personnelles.

Au début, ce n'est qu'une pensée mais elle prend rapidement corps. Bak semble m'accorder toute confiance pour donner vie à un sujet si difficile et si subtile pour un Allemand. Les films de Peter Schamoni sur Max Ernst et Hundertwasser ont fait école et je veux rester dans leur ligne, bien que je croie que le genre film d'art n'ait pas encore trouvé le moyen de remplir sa mission particulière ni ses possibilités réelles; il n'a pas encore – entièrement ou pas du tout – epuisé les ressources représentatives adéquates. Il me paraît insuffisant de mettre en branle le mécanisme »culture« ou de ne faire appel qu'à un besoin superficiel d'information ou de divertissement. L'oeuvre peinte, la personnalité et la représentation cinématographique ne doivent rendre possible qu'un film unique, irréversible, seulement destiné à Bak. C'est cette unité totale et absolue que j'envisage.

*27 juin 1974*

Je suis revenu et je ne veux pas le croire. Trois mois se sont écoulés depuis notre première rencontre. Je ne suis plus le visiteur déplaisant – mais un hôte bienvenu, déjà presque un ami. Anna, la femme de Samy Bak, s'occupe de moi d'une façon touchante. Lui-même brûle du désir du travail commun même s'il s'efforce de ne pas me bousculer, de me laisser du temps. Je dois d'abord être sûr de mon bonheur. Israël – à chaque visite, je crois encore davantage que ce pays pourrait être le mien.

Des amis m'ont souvent demandé où en réside la fascination. Je ne peux y donner réponse, on doit la vivre soi-même. Et pour chacun, elle sera différente. Israël, pour moi, ce sont surtout ses hommes, leur force leur profession de foi. Israël agit sur moi comme un catalyseur contre les neuroses artificielles et imposées de mon univers survolé. Le pays me régénère, remet mes étalons perdus à leur place, me fait retrouver mon équilibre et me rend à nouveau disponible aux choses essentielles de la vie. Israël – vers toi, je reviendrai toujours, ne serait-ce que pour moi-même.

*Le jour suivant*

7 heures du matin. L'air est encore froid. L'odeur douceâtre des vergers d'agrumes avoisinants désintoxique le cerveau, met les mécanismes de la pensée en marche. Nous sommes assis sous de nobles oliviers noueux. Pour écrire le scénario, je dois en savoir davantage sur ses tableaux, sa vie, en apprendre plus que les données nues: des réalités plus cachées, plus authentiques. Il me faut percer dans le fonds de son être; je dois entendre comment il se considère par rapport à son oeuvre personelle, savoir de quel oeil il regarde les nouveaux courants de l'art moderne.

Nous parlons de ses natures mortes et de sa vedette particulière, la poire. Doit-elle occuper une place de choix, est-elle une marque déposée? Bak s'en défend. Le superficiel, le genre affiche n'a pas cours dans sa peinture. Pour lui, c'est avant tout le fruit en lui-même, qui incarne la vie, la croissance, la création; un fruit qui ne grandit pas selon la loi des formes strictes des autres fruits, qui est soit ventru soit mince, qui a la tête penchée ou le port haut, qui se décide soit pour la symétrie soit pour l'assymétrie. »Il n'y a pas de fruit poussant avec une telle liberté que la poire. Parmi toutes les poires d'un superbe verger, vous ne trouverez jamais deux fruits de la même forme. C'est ainsi que la poire est comme la vie elle-même, infinie et inimitable. Elle permet d'exprimer tout ce que l'homme ne supporte plus en lui-même, la cruauté, la souffrance, l'inhumain. Ce n'est pas la poire en elle qui a sa signification particulière; ce sont bien plus les aventures qu'elle vit dans ma peinture qui lui confèrent une signification symbolique. Elle est vivante mais pas en mesure d'agir ou de décider de son propre destin. On peut la comprendre comme une métaphore de l'état humain.«

Plus tard, lors d'une rencontre à New York, Bak fait allusion lui-même à quelques-uns de ses tableaux à la poire.

Le drame de notre existence: nous nous dépensons tant que nous sommes écrasés et avalés par notre entourage. (Parabole, planche en couleur 17). Les événements fous de notre temps ont fait de l'homme la cible de l'anéantissement. (Nature morte avec un but, planche en couleur 14). Dans la structure qu'est notre vie, les charges ne sont pas distribuées avec égalité. (Pyramide, planche en couleur 25). On fait tant pour protéger le fruit du jugement de la destruction qu'il devient entièrement prisónnier et impuissant. (Drapeau bleu, planche en couleur 15). Une pensée réconfortante gît dans l'illusion de la pérennité mais alors, le passé devient un monument de pierre, sans coeur. (Monument avec figures, planche en couleur 24). La tendance à la destruction a engendré des rituels atteignant l'absurdité. (Rituel, planche en couleur 29). (Légende I, planche en couleur 23).

Nous en restons aux natures mortes, parlons d'autres sujets qui se répèteront au cours des années. A ce point, nous nous heurtons notamment à un des groupes les plus vastes de pièces d'échecs. N'obéissant plus depuis longtemps aux règles et aux lois de leur jeu, elles se sont rendues au chaos et au désordre de notre monde. Leur beauté et leur souveraineté leur ont été dérobées; dépourvues de volonté, figées dans le temps, elles semblent ne plus pouvoir atteindre leur fin logique. En général, elles appartiennent à la sphère des symboles archétypes qui – contrairement aux symboles plus hermétiques des rêves et du subconscient utilisés par les surréalistes – ont une signification plus communicative. Nous savons que les échecs sont un jeu rationnel, déterminé par la logique et le calcul. Mais dans le jeu d'échecs de Bak, l'ordre s'est effondré. Les pièces ont changé, pris des aspects individuels et le champ de leurs opérations est une décomposition totale. On ne peut plus savoir exactement comment un jeu va évoluer. Nous pensons que nous jouons le jeu et découvrons soudain que nous faisons fonction de pions manoeuvrés par d'autres forces invisibles, des forces d'un ordre divin. Bak parle aussi des échecs comme du jeu de la guerre. Peut-être est-ce la guerre avec laquelle il devait toujours vivre et les souvenirs d'autres guerres passées qui ne l'ont jamais quitté, qui ont permis que le jeu d'échecs devienne une telle métaphore, abondant en symboles et signification.

Un autre groupe important est constitué par les oiseaux. Ils ont sûrement une relation avec l'effort des hommes à se libérer de leur limite naturelle. Ils apparaissent, dans la peinture de Bak, à la lumière d'un certain sarcasme. Symboles de la liberté, ils ne pourront jamais voler. Eux dont les ailes sont remplacées par des constructions mécaniques en bois ou en fer, qui ne peuvent avancer que sur des roulettes ou des roues, sont encore plus impuissants que les hommes. Créations sans moyens fonctionnels qui ne sont plus que des monuments de nos rêves.

Dans tous ses tableaux, Bak pose la question du sens de notre existence, question condamnée à rester sans réponse parce qu'elle la dépasse. C'est comme une clef gigantesque qui au lieu d'ouvrir des portes fait s'écrouler des maisons.

*Soir du même jour*

La soirée est consacrée à un dîner italien, préparé par Anna, arrosé d'un jeune vin agréable des côteaux du Carmel, et à une discussion personnelle. Nous avons beaucoup en commun. L'amour de la musique: Beethoven, Bartok. Le théâtre moderne: Ionesco, Brecht, Anouilh. Les grands romans de Joyce, Kafka, Proust et Musil. Anna parle de leurs amis, de Kishon et d'Erik Brauer, mais le plus souvent de gens simples du voisinage. »Israël est petit, presque tout le monde se connaît et ce qui est encore plus important, tout le monde s'aide.« Anna me montre sa céramique, fantaisiste et vigoureuse. Elle aussi travaille pour une exposition dans une galerie de New York.

Les enfants, Daniella, Ilana et Michal doivent aller se coucher de bonne heure. Un jour de classe, en Israël, est dur. Daniella fera son service militaire l'année prochaine.

Plus tard, Bak parle de sa vie. Des stations mouvementées. Le ciel et l'enfer se côtoient. Les beaux jours ne font pas l'équilibre avec les mauvais jours. Peu a été accompli, beaucoup a été subi. J'ai arrété de poser des questions, je ne fais qu'écouter, prends de notes pour le film. De longues pauses pénibles succèdent aux souvenirs exprimés en hâte.

»Mes parents parlaient le polonais. Nous étions une famille juive assimilée, de classe moyenne vivant, dans une ville de province du nord de la Pologne, Vilnious. Déjà avant que n'éclate la guerre, mes parents m'ont retiré du jardin d'enfants polonais à cause de manifestations d'antisémitisme; ils m'ont mis dans un établissement juif. Dans notre maison, des réfugiés juifs d'Allemagne et de la partie occupée de la Pologne allaient et venaient. On parlait beaucoup du ghetto créé à Varsovie et de ce que, dans un avenir proche, il arriverait une explosion en Europe. Mais je ne compris vraiment ce qu'était une vraie guerre que lorsque des bombes tombèrent autour de notre maison. Le monde que je connaissais et qui m'était apparu comme un paradis s'écroula et je ne pouvais m'imaginer alors à quel point il disparaîtrait à jamais. Des armées arrivaient puis partaient; on nous rassembla dans un ghetto puis dans un camp. A la fin de la guerre ma mère et moi, nous nous sommes retrouvés comme par miracle, seuls survivants de notre famille.

Ma mère avait deux buts: l'un était de trouver le chemin de la Palestine où vivait un de ses frères, le second était de me faire faire des études artistiques puisque – depuis les premières années de ma vie – j'avais montré un grand penchant pour la peinture et que déjà à l'époque, ma famille – à l'unanimité – me considérait comme un futur peintre. Deux poètes qui devaient découvrir ma peinture faite à l'âge de neuf ans organisèrent – dans le ghetto de Vilnious – une petite exposition de ces aquarelles. Et c'est ainsi, qu'un beau matin, je devins célèbre parmi les gens vivant parqués dans quelques petites ruelles étroites. Après la guerre, nous avons traversé l'Europe, allant de frontière en frontière. Nous avons dû séjourner longtemps dans des camps de réfugiés et ce n'est qu'en 1948 – à la fondation de l'Etat d'Israël que nous nous y sommes installés. Au long de ces années, à chaque fois que nous avons fait halte quelque part, ma mère a réussi – en dépit de notre situation difficile – à me procurer un professeur d'art. Le premier m'a appris à dessiner de façon classique en utilisant des plâtres cassés. Le second était impressionniste. Le troisième voyait tout à travers l'expressionnisme et le quatrième exigea que j'oublie tout ce que j'avais appris jusque là parce que seul le cubisme avait de la valeur.«

Délivré des souvenirs de ses années les plus dures, ses phrases perdaient leur rythme saccadé, l'émotion de sa voix se calma, celle-ci reprit sa sombre lourdeur originale, sa monotonie. Seul le visage restait fermé, faisant planer distance et prudence dans la pièce.

»Heureusement, mes idées sur le monde ne pouvaient – à l'époque – être formulées définitivement parce que je vivais en Israël et me consacrais entièrement à l'étude de la langue des prophètes. Puis les années du service militaire suivirent et vint enfin le temps où je fus libre de me consacrer entièrement à la peinture. A l'époque, Paris étant la Mecque du monde artistique, je me suis inscrit aux Beaux-Arts, en 1956. Là, je n'ai rien appris de bien neuf sur la peinture mais cela me permit de manger pendant trois ans dans un restaurant universitaire subventionné par l'état. Dans le même atelier que moi, à Paris, j'ai fait connaissance d'une étudiante, Anna. Plus tard, elle devait devenir ma femme.

Ma première exposition eut lieu à Rome en 1959. Elle remporta éloge et succès si bien que je restai sept ans dans la Ville éternelle. C'est l'époque où je peignais en un genre un peu à la mode et semi-abstrait; mais je ressentais déjà un certain mécontentement car je trouvais cette forme d'expression trop limitée. Les événements dramatiques de l'époque de la persécution et de la guerre s'étaient tassés et j'étais enfin mûr pour trouver le courage de les attaquer. Je savais que j'avais beaucoup à dire et non pas seulement pour moi tout seul mais surtout pour les autres. Et je devais trouver la forme d'expression qui fût compréhensible et lisible au spectateur sans toutefois le confronter directement avec l'atrocité de la vérité.

Le tournant dans ma peinture fut la Biennale, au début des années 60. Des peintres américains Pop y remportèrent un grand succès. Ils avaient recréé une légitimation de la réalité mais leurs formes émanaient du monde des Comics et de la publicité. Ces formes m'etaient plus étrangères que le monde de l'art classique qui m'avait entouré en Italie. C'est ainsi que je suis parvenu à une espèce de peinture surréaliste. Cette peinture m'intéressait parce qu'elle me permettait d'exprimer à travers elle et les expériences et la philosophie de mon existence sans passer par la psychoanalyse et la libre-association comme le firent les surréalistes des années 30.

Au cours de toutes ces années où j'ai travaillé comme peintre et où j'ai exposé dans bien des villes d'Europe et d'Amérique, j'avais toujours la nostalgie d'Israël. Mais ce n'est qu'en 1966 que je pus m'y installer avec ma famille. A partir de là, j'ai considéré Israël comme mon assise. Ma vie en Israël – surtout en période de guerre lorsqu'il s'agissait de survivre – a déterminé les sujets de mes tableaux.«

Bak est épuisé. Le retour en arrière l'a plus accablé qu'il ne veut l'avouer. Une journée bien remplie. J'ai appris énormément. L'homme Bak sort de son insaisissabilité mystique, il revêt des traits humains et explicables. Etre et caractère deviennent accessibles, sa position dans l'art s'éclaircit. Les tableaux commencent à s'expliquer par eux-mêmes. Beaucoup de choses doivent être encore remplies, le lendemain ne sera pas moins pénible.

*Le matin suivant*

Après un copieux petit déjeuner israélien fait de différents plats de fromage blanc, de poisson aigre, de légumes frais et crus, d'oeufs brouillés fumants et de café fort. Il nous semble difficile de discuter, comme prévu, de l'ambiguité et de la profondeur de l'ensemble des tableaux. Nous décidons de parler des personnages de sa peinture.

Il n'y a rien qui ne me touche plus dans son oeuvre que ses représentations humaines aux visages à deux dimensions, vivant et comme découpés se détachant comme des silhouettes; ces personnages exprimant le pressentiment, le savoir et l'expérience différemment et qui malgré leur actualité bouleversante donnent l'impression de décalcomanies indistinctes et inachevées. Ils nous empêchent de jeter un regard sur les chemins de leur vie et de leur souffrance mais pourtant nous pouvons deviner leur drame mental et physique. Dans un état de peur et de stagnation, arrievés au bout du rouleau, ils demeurent dénués d'attente et d'espoir.

»Il y a quelques années, quand les premiers personnages apparurent sur mes tableaux, ils me causaient un certain malaise parce qu'ils voulaient dire des choses que j'avais exprimées auparavant en symboles et métaphores. J'ai toujours évité d'être direct dans ma peinture parce que les événements que je voulais raconter étaient atroces et répugnants. C'est pourquoi je les ai transposés dans la dimension du temps et éloignés de la réalité.«

Je pense à nombre de ses personnages donnant l'impression d'être l'écho de chefs-d'oeuvre des siècles passés. Paraphrases de valeurs classiques auxquelles notre époque se défend de plus en plus de croire. »Le grand-duc et son épouse«, par exemple, que nous connaissons par les tableaux de Piero della Francesca et qui – chez Bak – sont devenus de plats profils nés d'une masse inerte. Il feint de conjurer les chefs-d'oeuvre de la Renaissance. Mais les substances anciennes et connues sont plus que développées ou placées dans une relation avec le présent, elles se sont transformées et se montrent à nous dans la nouvelle logique de notre siècle.

Mantegna, Dürer et Cranach se dévoilent avec un certain genre d'ironie et de sarcasme. Par le mécanisme devenu friable et limé de l'histoire de l'art, les horribles connaissances de notre époque entrent en grinçant des dents.

Le temps ne s'est pas encore écoulé jusqu'à midi mais c'est comme si aujourd'hui il se faisait rattraper plus tôt que d'habitude par le soleil. A peine 11 heures et l'air semble déjà figé en vapeur, toute vie gelée en pierre incandescente. La respiration nous est devenue difficile à tous deux et même les ombres épaisses distribuées par les oliviers ne peuvent soulager. En vain, je regarde l'entrelacement noueux de leurs branches mais aucune feuille ne remue. Je rêve de leur jeu d'argent qu'anime le vent.

Mais ce n'est pas seulement cette chaleur de serre inhabituelle à cette heure-ci qui me paralyse, mais c'est bien aussi la discussion avec l'image de l'homme qui nous a épuisés si vite. L'art, quand il est grand, la dissèque avec le tranchant d'un scalpel. Il la met plus à nu que ne le pourrait notre vie quotidienne. Il met à jour tout ce que nous nommons si rapidement l'âme parce que cela nous est commode et la montre comme un boyau sans fin à travers lequel nous ne faisons que glisser toute notre vie. Bak démonte l'homme pour en montrer ses abîmes. Il fait naître des visions dans lesquelles les crêtes entre pauvreté et richesse, misère et splendeur, joie et détresse humaines se dondent en un unique cri de détresse. L'image tourmentée que donne Bak du visage humain, c'est encore et toujours le nôtre; et c'est pourquoi il nous relègue dans la peur et l'épouvante. Et la grâce? Bak ne l'a jamais trouvée. A-t-il arrêté de la chercher? Le soleil dessèche les dernières pensées. Le temps semble maintenant suspendu. Je pense aux gens pour lesquels je veux faire le film. Les expériences vécues avec lesquelles je dois les confronter et qui leur rappelleront leur propre passé ne pèseront-elles pas trop lourd? Ne vais-je pas les décourager? N'est-ce pas trop définitif que de reconnaître l'immutabilité de notre destin? Ou trop effroyable que de comprendre que le monde dans lequel nous vivons ne contient que menace et isolement? Ou bien les tableaux du peintre Bak les aideront-ils aussi à supporter cette constatation? Pour finir leur donneront-ils de nouveau le courage de retrouver espoir et accord nécessaires à la vie?

Quand Anna sort de la maison avec une cruche et verse du jus glacé d'agrumes fraîchement pressé dans les verres multicolores, je ne suis que trop disposé à interrompre entretien et démarche de l'esprit. Temps de donner libre cours à ses pensées même si la pause ne dissipe pas mes doutes, ne fait que les repousser, temps de se réjouir de l'harmonie tacite de deux êtres parfaitement à l'unisson. Je remarque que – contrairement à mon entourage en Allemagne – je considère ici le couple intact comme quelque chose de naturel. Bien sûr, cela a affaire avec la situation spéciale de ce pays qui souligne la dépendance de chacun, rapproche davantage, met l'amour plus en valeur. En y réfléchissant, je m'aperçois que je me suis réduit à moi-même, à ma juste valeur et que c'est encore et toujours – avant tout – l'homme qui nous émeut et nous touche. Lui seul définit le milieu. En connaissance de cause, l'art de tous les peuples, en tout temps, l'a toujours érigé en question centrale à laquelle il a répondu en nuances multiples et variées à l'infini.

La conversation nous ramène presque sans transition aux hommes de Bak.

Nombre d'entre eux ont des ailes métalliques ou des dispositifs ressemblant à des ailes. Ils sont attachés à des constructions de fer, trop lourdes, pour qu'ils puissent s'envoler avec elles vers les nostalgies demeurées. Cela me fait penser à l'histoire d'Icare essayant d'atteindre le soleil et s'abîmant dans la mer – le prix que l'homme moderne civilisé doit payer pour l'aspiration vers l'au-delà de ses limites. Les ailes métalliques qu'il a inventées sont devenues piège. Elles lui enlèvent encore davantage de liberté qu'elles ne peuvent lui en donner.

Les anges semblent différents mais leurs ailes sont taillées et ne leur permettent plus d'atteindre le ciel. Leur destin céleste leur est dérobé, il ne leur reste plus qu'à partager le sort douteux des humains.
Bac déconcerte en faisant des allusions simples se rapportant à la réalité et au présent. »Les hommes volant font partie de la réalité israélienne. Grâce à leurs ailes, les hommes volent au-delà des frontières d'Israël pour le protéger et s'immolent en même temps eux-mémes – ou bien ils sont sacrifiés. Ils font partie de l'histoire présente d'Israël mais aussi de l'histoire humaine à d'autres endroits, à d'autres époques. L'histoire de Dédale et de son fils Icare n'est pas très éloignée des tragiques événements de notre temps où trop de pères ont vu leurs fils monter vers le soleil et sombrer dans la mer.
Il est étrange que cette légende grecque soit si proche du sujet biblique de l'offrande d'Isaac.«
Le long chemin à travers le monde de Bak, choquant de par sa clarté malgré toute sa symbolique – dans lequel le mythe devient réalité et où le passé ne sert qu'au présent – nous a presque fait oublier le temps. A cette période de l'année, les jours sont cours en Israël. Le passage à l'obscurité est brusque et sans transition. Après la chaleur de la journée, des vapeurs de brume se sont levées; elles obscurcissent aussi les derniers rayons du soleil et effacent nos longues ombres dans l'herbe clairsemée. En regardant ses traits prononcés se détacher sur le ciel crépusculaire rouge-sang, il me rappelle un de ces Hassidim passant sa jeunesse chez un rabbin et dont le seul but est de servir son Dieu.
A lui, comme à ses personnages, colle un voile de tragique. Comme eux, il semble avoir abandonné le but qu'il s'était fixé depuis un temps d'une apparence infiniment longue. Figé dans la peur, privé de sa volonté, il semble – comme eux – au terme de sa route et pourtant il continue à vivre parce que la force de son art ne peut s'accorder avec la mort. Bak prononce ce que je ne veux pas penser. »C'est comme si un monde se préparait à sombrer« – et me voyant consterné et atterré »mais il faut croire au printemps, croire que le verdict que le monde a fait tomber sur lui-même ne sera pas exécuté«.
Cette dernière pensée de Bak me semble émaner du plus profond de son être, une expression et une personnalisation si complète de sa philosophie, une identification si totale de son oeuvre artistique que dans la nuit qui suivit – avant de m'endormir – je la consigne. Peut-être est-ce un premier point de départ d'où pourrait se développer l'idée du film.
Comme il en a été décidé la veille, le dernier jour est consacré à la technique de sa peinture; comme le choix des couleurs et des pinceaux, de la structure de ses toiles ou bien à des éléments déterminants relatifs aux questions de composition et de perspective. Je veux assister à une journée de travail dans son atelier, du début jusqu'à la fin, sans les chichis accompagnant généralement la présence de visiteurs. Cela signifie renoncer au petit déjeuner, se lever à 6 heures, car à 6 heures 30, le travail commence. Bak ferme l'atelier à clé derrière lui: l'isolement doit être total, même envers sa famille. Un système d'aération spéciale permet un apport d'air clair et toujours frais. L'éclairage: Bak utilise d'anciennes plaques de verre de toutes nuances – lavande, vert-olive, violet, par exemple – qui recouvraient jadis les toits français; elles filtrent la froide

lumière bleue du nord. Travailler 12 à 14 heures par jour devant le chevalet signifie déjà un gros effort physique. Ennui ou paresse se heurtent à une discipline stricte. Tout au long des dures périodes de travail qui s'étendent parfois sur des semaines, il ne se nourrit qu'à peine, il boit 4 à 5 litres d'eau claire par jour et mange le soir un petit steak accompagné d'un peu de salade. Le petit corps ne doit pas se surcharger inutilement. Chaque gramme superflu pèse sur les jambes, rend la station debout plus difficile. Il se force presque jusqu'à la frontière de l'ascèse. Pas d'alcool, pas de cigarettes. Il n'a pas besoin de stimulant. Son cerveau travaille aussi avec une logique aiguisée. Son psychisme remplit ses fonctions sans fioritures, sans détours inutiles. Les représentations traditionnelles de l'artiste génial ne jouent plus. Du vol de l'élu et de l'exalté, il n'est rien resté. Il n'y a que labeur et rude travail sur des pistes jalonnées et contrôlées.

La grâce? N'est-ce pas un acte d'exibitionnisme? Elle ne se montre au spectateur que tout-à-fait à la fin quand le tableau permet le coup d'oeil sans faille.

Une concession est faite à ma présence: l'impression de paraître impoli, de m'éprouver outre-mesure par ces longues phases infinies de silence accompagnant le travail, lui font ponctuer son travail de petites pauses après de longs intervalles. C'est l'occasion pour moi de poser les questions que j'ai sur le bout de la langue.

Extraits d'une interview avec le peintre:

Interviewer: N'y a-t-il pas quelque chose dans la manière dont vous peignez suivant un souhait caché qui serait de dépasser encore la maîtrise des anciens maîtres?

Bak: Malgré tout ce qui m'attire dans l'art ancien, je n'ai aucune envie de m'exercer en copiant les anciens maîtres. Certaines formes de l'art sont tant développées par les grands maîtres qu'elles ne peuvent aucunement être dépassées. Pourtant, les mythologies classique et chrétienne ont perdu leur sens et nous en guettons en vain un nouveau. Il n'a pas encore su s'exprimer.

Comment vous mettez-vous au travail? Comment commencez-vous un tableau? Quelles sont les réflexions qui le précèdent? La conception existe-t-elle dès le début ou bien vous laissez-vous conduire par des intuitions?

Quelquefois, c'est simplement le désir de peindre en une certaine couleur, disons, par exemple, le bleu. Parfois, le sujet s'installe par le choix de la couleur. Puis j'essaie de transposer cette idée dans un langage de symboles. A ce stade, la critique personnelle est le seul moyen permettant d'atteindre l'harmonie intérieure totale. Il peut arriver que de par un tableau en naisse un autre. Si pendant mon travail, je ressens le besoin de faire quelque chose d'autre, à partir de ce besoin, je construis une nouvelle série de tableaux. Un grand nombre de mes oeuvres est né de l'oeuvre elle-même, du souhait qu'elle avait, elle-même, de se transformer. C'est pour cela que je fais des groupes: les poires, les pièces d'échecs, le groupe des oiseaux mécaniques, les séries de clés.

Je me souviens encore que lorsque j'ai commencé à peindre mes poires, je ne voyais aucune évolution dans ce sujet. Lorsque – deux ans plus tard – je revins à cette idée, j'ai trouvé tout un monde qui, jusqu'à ce jour ne m'a pas encore lâché. C'est seulement quand j'ai épuisé entièrement le sujet d'une série que je me sens libre de penser à un nouveau motif, son façonnement, son exécution. A partir de ce moment-là, les idées sont tout-a-fait présentes dans mon esprit imaginatif. Je dessine des esquisses et puis je travaille aux détails de la toile. Je veille aux proportions et à la parenté. Un procédé analogue à la trame rythmique d'un poème. Courbes, angles, lignes droites se répètent et échafaudent une symétrie. Les éléments de composition peuvent devenir la partie principale d'un tableau. Quand ce dessin préliminaire est achevé, je le laisse comme il est, je ne lui apporte que peu de modifications.

N'est-ce pas une méthode de travail très dépouillée?

Quand la toile est encore entièrement blanche, je ne travaille qu'avec les contours des formes. Je vois ainsi les problèmes plus clairement parce qu'ils peuvent être pris isolément. Un des secrets de l'art – de tous les arts – est la faculté de le décomposer, d'avoir les composants de base dans l'oeil et de répartir le problème principal en problèmes spéciaux et individuels. On ne devrait pas chercher à résoudre tout d'un seul coup. A un stade ultérieur, on se concentre sur la composition, la couleur, la texture, le jeu des corps, les élargissements physiques des objets peints, l'atmosphère etc...

Quand pouvez-vous dire qu'un tableau est terminé?

Une peinture est terminée quand toutes les parties sont devenues forme, se sont unies en un tout indivisible et de telle façon qu'il soit impossible d'y ajouter ou enlever quoi que ce soit. Un tableau est terminé quand toutes les parties de la toile sont remplies de la même épaisseur et que tout vide en a disparu. Je traite la partie du ciel la plus extérieure avec le même soin que le centre de l'oeuvre. Toutes les couleurs et objets représentés se fondent en un tout unique. Je souhaiterais que le tout ait l'air d'avoir été porté sur la toile sans les signes d'une influence subjective quelconque. Vermeer a réussi en cela avec une maîtrise inégalée. Breughel également. Il met des choses sur la toile pour les reprendre. Certaines de mes oeuvres dont on soupçonne qu'elles sont particulièrement représentatives ont été peintes spontanément sans détails préalables pénibles. Cela sonne paradoxal parce que je crois que le travail vraiment créatif doit être accompagné d'un stade critique de conscience de soi; celle-ci ne reprend rien en effet.

Un de vos idéaux est la simplicité, à ce que je comprends mais vous n'êtes pas satisfait de ne faire que dessiner, vous ajoutez des formes complexes de lumière, d'ombres et de couleurs?

Si je sens que l'observateur vit des instants magiques et illusoires quand la toile disparaît et l'espace se remplit de quelque chose de très sensible, alors je dois continuer, aller au-delà des contours vers la couleur. En dehors des valeurs indépendantes, la couleur dispose de bien des forces descriptives, expressives et théoriques. La différence entre une esquisse et un tableau terminé est la même qu'entre la lecture d'une pièce de théâtre et le spectacle sur la scène. Seul le développement de tous les mouvements d'ombres et de lumière, de nuances de couleurs, de l'aspect physique du colorant mènent l'expérience à son sommet. J'ai fait une fois une expérience intéressante. J'ai porté une esquisse sur trois toiles différentes et je les ai développées

chacune en un tableau individuel. J'ai très vite compris que dans chaque cas, les contours eux-mêmes me laissent toute liberté d'utiliser une multitude de couleurs, de lumières et de matériaux.
Il est inutile de dire que chacun de ces trois tableaux a pris une fin bien différente.
Bien sûr, ces remarques se rapportent à des esquisses de tableaux et non pas à des dessins exécutés à main levée représentant naturellement une forme d'art de force et d'expression particulières.

*Lod, aéroport Ben Gourion*
Je profite encore du temps qui nous reste jusqu'à l'annonce de mon avion pour poser de nouvelles questions, je veux éclaircir davantage certaines relations et alors il me prend par les épaules, avec l'expression inquiète de l'ami. »Nous avons eu de bonnes journées, capitales. Maintenant il vous faut du temps pour laisser mûrir tout.« Et quand on a déjà annoncé mon vol: »Si vous voulez conserver la joie que vous procure les tableaux, pensez toujours à ce que les mots ne peuvent expliquer qu'une partie de ce que vous ressentez, parfois ils nous le cachent. Quelquefois, la magie de l'art réside dans ces sphères pour lesquelles il n'y a pas de mots.«
Bien que des semaines se soient écoulées, les jours passés en Israël sont présents, sensibles, la rencontre est restée à fleur de peau.
J'écris le scénario tout-à-fait orienté sur New York. La réalisation est prévue pour l'automne. Bak ira passer quelques années à New York avec sa famille, sur l'initiative du propriétaire de la galerie qui l'expose – décision qui portera ses fruits.
Arraché à l'étroitesse et au repli sur soi-même imposés par l'isolation géographique et politique du petit état d'Israël, une transplantation temporaire ne peut qu'être fructueuse. Israël ne peut être senti que comme base spirituelle, sans laquelle la peinture de Bak est impensable. Il percevra les orientations et courants nombreux, il luttera et devra s'affirmer. A l'ombilic de l'art moderne, son champ de vision s'élargira et se trouvera ou confirmé ou sujet à des corrections; ce qui est sûr c'est que ses tableaux perdront leurs rapports israéliens souvent limités.
Le portail de l'approbation et de la gloire n'est que poussé, à New York, ce qui importe, c'est de le franchir.
Mon départ pour New York est proche. L'équipe américaine de tournage est engagée. Des contrats ont été passés avec la télévision, la date du 8 février pour l'émission est confirmée. Le scénario a trouvé sa forme définitive, à part les quelques corrections – sûrement minimes – qui s'avèreront nécessaires au cours du travail. Dès le début, la conception est claire.

*Opening*

Lieu de tournage: New York, Central Park

| Image: | Son: |
|---|---|
| Un morne jour d'automne.<br>Bak marche dans les feuilles jonchant le sol du Central Park dépouillé par l'automne.<br>La caméra le suit dans sa promenade, le saisit sur différents plans (son visage envahit tout l'écran jusqu'à un plan d'ensemble).<br>S'éloigne de lui ou reste parallèle à sa marche.<br>Ensemble d'objectifs normal, 25 à 400 (grand angle).<br>Travling/Trafo. | Bruits de parc (vent, bruissement des feuilles, dans le lointain bruits de la circulation)!<br><br>On:<br>Bak avec la propre voix de ses pensées:<br>(Le registre de la voix et le timbre soulignent la mélancolie de l'automne. Modulation et expression permettent de reconnaître le Juif d'Europe centrale.)<br><br>C'est mon second automne à New York. Les journées sont parfois grises et froides, quelquefois ensoleillées et douces mais toujours très courtes.<br>Quelle différence avec l'automne de mon pays. En Israël, le vent chaud du désert souffle, de fortes averses l'interrompent. |
| Ouverture et fermeture lentes en fondu du tableau de Bak *A lesson 1968*<br>Rapport de lumière: augmentant jusqu'à 70:30, puis diminuant. | C'est une période mélancolique qui fait fleurir les souvenirs. Deux ans de New York, huit ans en Israël où j'ai construit ma maison. Et avant, sept ans à Rome, trois à Paris où j'ai suivi les cours des Beaux-Arts et encore des années en Israël en tant que soldat et jeune homme.<br>Les trois ans en camp de réfugiés dans l'Allemagne d'après-guerre durant lesquelles j'ai appris l'allemand. |
| Ouvertures et fermetures lentes en fondu du tableau de Bak *Dreaming Angel 1972–1974*<br>Même rapport de lumière. | Et surtout, les douze premières années de ma vie, en Pologne; le traumatisme de la guerre et de la destruction qui a fait de moi une espèce de témoin de la façon dont l'humanité avait décidé de se détruire elle-même.<br>Actuellement, je vis au 12ème étage d'un immeuble. Les fenêtres de mon atelier donnent sur Central Park. |

| Image: | Son: |
|---|---|
| | Pour avoir l'impression d'avoir de la terre sous les pieds, pour toucher des arbres, je dois prendre l'ascenseur et traverser la 5ème Avenue et sa circulation.<br>En Israël, je n'ai qu'à sortir de mon atelier pour être dans le jardin. |
| Fondu enchaîné:<br>Séquence en Israël. La maison fermée et abandonnée de Savyon.<br>La caméra subjective (vue avec les yeux de Bak) se retire de la porte ouverte de l'atelier jusque vers le jardin.<br>Les différentes positions subjectives de la caméra soulignent le texte. | Le vent pousse les feuilles sèches des oliviers jusque dans ma maison. Ces arbres sont plus vieux que les gens les plus âgés que je connaisse aujourd'hui; j'espère qu'ils en prendront bien soin jusqu'à mon retour.<br>En tant que père et homme qui a connu l'Europe pendant les années de guerre – tout en moi appelle le retour. |
| Fondu enchaîné!<br>Central Park. Bak marche dans la forêt automnale. | En tant qu'artiste, en tant que peintre pour lequel le monde occidental est si important, je me sens attiré par les centres culturels qui me stimulent, élargissent mon savoir et m'enrichissent intérieurement. Pour cela, il n'y a pour ainsi dire pas d'endroit mieux rêvé que New York. |
| Fondu enchaîné d'un court montage des principaux musées et galeries de New York Rapport de lumière 50:50. | A quelques pas de Central Park, on trouve – dans la 5ème Avenue – les musées les plus extraordinaires, et – à côté – Madison Avenue, les innombrables galeries, un empire de l'art de notre époque. |
| Bak s'éloigne, marchant dans le feuillage épais, toujours plus éloigné de la caméra.<br>A cette dernière vue du parc apparaît son tableau *The Wanderer* | Tout ceci a fait de moi un errant, un homme qui se sent chez lui à de nombreux endroits et pas assez dans ses propres murs, un homme parlant plusieurs langues mais pas celle du pays de sa naissance. |

New York. Un automne triste et sans espoir. La ville supporte le destin qui s'est abattu sur elle seulement la tête baissée et fatiguée. Manhattan, jadis promesse d'un nouveau monde – en agonie profonde. Madison Avenue et la 5ème Avenue, Broadway et Park Avenue – il y a encore quelques années des artères vitales encore vibrantes – sont paralysés par le chômage et la récession. Central Park, un poumon et pompe à air pour des millions d'atoniques, jonché par les déchets et les ordures. De splendides expositions comme la rétrospective Max-Ernst au Guggenheim-Museum, Francis Bacon au Metropolitan et l'Esprit Juif au XXème siècle au Musée Juif ne peuvent que masquer la vérité mais non pas réconcilier.
En deux ans de New York, Bak a compris qu'il ne pouvait être partie intégrante d'un monde qui s'est déjà abandonné depuis longtemps, figé dans la pose indigne du mépris de soi. Il ne peut pas participer à une course au succès, ni en artiste ni en père – pas plus qu'en partie de sa famille – si le fait d'avoir du succès doit aller de pair avec l'abandon des positions éthiques et morales personnelles. La gloire réclame un bien grand prix et pour ne pas tomber dans le mépris de soi-même, il faut savoir y renoncer. La superficiabilité incroyable des relations humaines qu'il connut ici doit rester étrangère aux sphères de sa vie personnelle.
New York reste une période importante dans son évolution artistique. Mais il est bien définitif que cette ville ne peut en aucun cas devenir sa patrie, quelle qu'en soit la conséquence. Le souci de l'évolution de ses enfants lui a facilité ce renoncement. Il n'admettrait pas qu'ils grandissent dans une ville sans coeur ayant arrêté de former des valeurs et qui ne fait que s'enorgueillir de détruire ce que des générations ont élaboré avec tant de mal. Quand on est né en Israël, qu'on y a grandi, cette ville et ses problèmes insolubles doivent apparaître encore plus étranges et éloignés que la lune elle-même. Ses enfants eux-mêmes avaient déjà commencé à le comprendre.

*Une soirée privée*

Chaque semaine, les amis de Bak se réunissent chez lui à l'occasion d'un concert; des amis de tout âge, de toute ambition, à peine adulte, luttant pour chercher à s'affirmer ou bien ceux d'âge respectable, célèbres et arrivés. Amis en jeans effrangés. Un chirurgien, une femme sculpteur, un professeur d'histoire, une bibliothécaire, une femme peintre, un pianiste, une étudiantedes amis juifs, touchés également par le rejet de la ville, unis par leur amour de la musique et le désir de retourner bientôt en Israël.

*Notre dernier jour de tournage*

Le ciel sombre, plein de pluie, Bak dans son long manteau noir, la monotonie énervante de sa voix, tout prend un caractère chargé de symboles.
La fin du film semble symptomatique pour une époque se dirigeant inévitablement vers sa fin.

*La fin*

Lieu de tournage: New York, Central Park et le Musée Juif

Image:

Bak poursuit sa marche du début du film, à travers Central Park. (Mouvement de la caméra et des objectifs comme au début du film).

Ouvertures et fermetures du tableau de Bak *Yizkor 1971*

Rapport de lumière jusqu'à 70:30.

Bak sort du Central Park, traverse la 5ème Avenue et entre au Musée Juif où à côté de Chagall, Lindner, Max Beckmann etc... ses tableaux les plus importants sont accrochés.

Bak se place sans être remarqué près d'un groupe de visiteurs juifs qui se trouve devant son tableau *The Traveller,* une version moderne de la *Melancholia* de Dürer.

Le groupe de visiteurs s'éloigne, Bak se dirige lentement vers son tableau.

Son:

Bruits de parc comme au début.

On:

(Bak avec la propre voix de ses pensées; sa monotonie s'est amplifiée.)

Les journées d'automne avec la tristesse d'une séparation. Les arbres se dépouillent, la terre se dénude, se fait lourde. Le soleil ne sort plus que bien pâle de derrière les nuages. Il semble qu'un monde se prépare à son déclin. Mais il faut penser au printemps, il faut croire que le verdict que le monde a fait tomber sur lui ne sera pas exécuté.

La tristesse de la séparation est un sentiment que le peintre revit toujours. Sa création est finie, elle est comme l'enfant qui a grandi et s'en va dans le monde. Quand on se retrouve en face de lui, après un certain temps, on est atterré, c'est comme l'instant de la vérité.

On: (Voix de ses pensées)

Les mots ne peuvent expliquer qu'une partie de ce qui veut être dit, parfois ils cachent plus qu'ils n'expliquent. Parfois la magie de l'art réside dans ces sphères pour lesquelles il n'y a pas de mots. Parfois le peintre ne peut reconnaître s'il a réussi à matérialiser le monde de ses pensées que dans les yeux du spectateur.

| Image: | Son: |
| --- | --- |
| | On: (Voix de ses pensées)<br>J'espère que ma peinture – même si elle est fermement ancrée dans l'histoire juive – a frayé sa voie jusqu'au coeur d'un large public. Je pense que des gens sensibles comprennent aujourd'hui que l'image |
| La caméra embrasse en grand le visage de Bak jusqu'à ce qu'il se fige. | du peuple juif est devenu à notre époque le miroir dans lequel le monde reconnaît son véritable visage. |

*Eichenau, le 23. 12. 1975*

Cher Samy, chère Anna,

eh bien voici pour ce qui est de mon travail, de mes soucis, de mes questions et de mes requêtes. Des quelques milliers de mètres de pellicule, je vois lentement grandir – si rien ne me trompe – un film magnifique. Je crois que pour finir, il va émouvoir et bouleverser. Je peux déjà le deviner en regardant la réaction de ceux qui mettent la dernière main (cutterin, ingénieur du son, cameraman chargé des trucages). Le sérieux mystique rayonnant de ton visage fait oublier bien d'autres petites inégalités (changement de lumière trop fréquent pendant les passages tournés au Central Park). Ce qui me cause des soucis, ce sont les textes lourds de mélancolie. Ils pèsent lourdement sur l'humeur et d'une certaine manière rendent sans critique, ce qui n'est pas voulu. Ici, il s'agirait encore d'être prudent.

Actuellement, je m'occupe de la musique. Je me suis décidé pour des extraits des premiers quatuors de Beethoven, de 1 à 4. Ils ont quelque chose d'inachevé par rapport aux quatuors ultérieurs, ce qui convient à l'improvisation et au hasard de la séquence dans le parc. Ici, je suis tout-à-fait sûr, même s'ils produisent un certain énervement sur le spectateur et font monter l'atmosphère accablante jusqu'à la limite du supportable. Malheureusement, j'ai dû utiliser des enregistrements moins connus car les exigences financières des producteurs de disques sont faramineuses.

Les trucages seront terminés dans les semaines à venir et nous aurons alors une première vue d'ensemble. Hélas, la qualité des dias est très variable et une égalisation absolue n'est pas possible même avec tous les moyens techniques de copie. Pourtant, le spectateur ne remarquera guère de différence. Cette année, l'hiver est étonnamment doux et on croit déjà deviner le printemps proche. Mais bien sûr, ce n'est qu'illusion.

Votre lettre, si amicale et affectueuse, nous a profondément touchés. Nous serons toujours heureux de vous savoir nos amis.

Vous nous avec comblés de jours si heureux, à New York, soyez-en remerciés!

A Anna, toi et les enfants, nous souhaitons une bonne année. La paix pour que tu puisses habiter dans ta maison, la santé pour que naissent de nouvelles oeuvres splendides. Je me souhaite à moi-même d'être plus libre pour les choses essentielles de la vie parmi lesquelles se place notre amitié.

Avec toute notre affection

Rolf et Gudrun

Ce qui n'avait été exprimé – pendant le travail de tournage à New York – que comme une éventualité et n'avait plus tard pas été répété car jugé trop hardi, prématuré et inexigeable – et que Bak n'avait d'ailleurs pas relevé – se réalise maintenant sans y faire quoi que ce soit, comme si le temps avait tout d'un coup mûri plus rapidement: Bak s'est décidé – pour moi d'une façon tout-à-fait inattendue – à accepter de me rendre visite en Allemagne, à suivre l'invitation formulée à New York.

Un programme minutieusement établi, très vaste, au centre duquel la projection privée de son film, l'attendra. Un entretien télévisé avec une autre chaîne de télévision, des conversations dans des musées s'intéressant à lui à Francfort, Dusseldorf et Nuremberg; un premier tâtement de terrain avec un éditeur et la surveillance d'une première édition allemande de graphiques rempliront en grande partie les journées. Restera-t-il quand même du temps pour approfondir davantage nos relations privées et personnelles?

»Vient d'atterrir – sortie 16, EL AL 652 en provenance de Tel Aviv!«

Ce qui a été toujours repoussé au cours des années est maintenant irrévocable. C'est le sol allemand qu'il foule sous ses pieds. Légèrement apeuré, je regarde autour de moi. Le hall d'arrivée est bondé. Des touristes curieux, des visiteurs, des gens venant chercher des voyageurs – une foule anonyme respirant l'impatience et l'espoir. Ce qui pour moi suscite déjà des sentiments ambigus est pour lui une impression encore bien plus précaire.

Ses pas, encore incertains, comme s'ils devaient d'abord examiner le sol. Anxieux, son regard me cherche dans la foule des personnes qui attendent. Un sourire encore trop peureux pour exprimer déjà de la joie.

»Shalom, Rolf! – Merci!«

»Shalom, Samy! – Merci!«

Il me tend le main, hésite un instant et puis finit par m'atirer contre lui.

Pendant le trajet dans la ville. Munich – la ville joyeuse, pleine de joie de vivre, ville de tradition, à l'histoire si significative, ses édifices impérissables, ses musées prestigieux – mais Munich, c'est aussi la ville du mouvement nazi, le berceau et le point de départ d'une période historique d'une barbarie parfaite – c'est la Galerie des Généraux, la Hofbräuhaus – célèbre entre les brasseries – et Dachau. Saura-t-il harmoniser tous ces différents aspects?

Sur le chemin qui mène chez moi, à l'ouest de la ville. Silence et un visage qui ne cesse de s'étonner que tout ce qu'il regarde soit l'Allemagne. Je ne force rien. Il lui faut du temps pour s'habituer à la nouvelle

pensée. A la maison. Gudrun nous attend avec le repas. Son naturel dénoue bien des choses. Pour les femmes, c'est plus facile. Elles n'exigent pas tant d'elles-mêmes et tiennent ce qu'elles promettent.
Quand, tard dans la nuit, nous allons nous coucher, une longue journée difficile s'achève. La plupart des heures sont emplies d'équivoques et d'incertitude. Le terrain est plutôt tâté que parcouru. Questions seulement posées, les réponses d'abord écartées. Des deux côtés règne une prudence trop consciente, trop pleine d'égard. Les retrouvailles sont plutôt obscurcies que remplies. Nous devons reconnaitre tous deux que la ligne de faîte est encore bien étroite, peut-être trop étroite pour nos deux passés si différents.

*Le lendemain matin*

Interview télévisée. Agitation. problèmes posés par les prises de courant. Attente.
Bak: intéressé, patient, modeste, lointain.
L'interviewer: intelligent, réservé, humain.
Les questions sans le poli d'un schéma souvent répété.

*Extraits de l'interview*

Interviewer: Nous avons parlé de votre »peinture aujourd'hui« mais qu'est-ce qui vient après? N'est-ce pas une peinture sans issue? Cette façon de peindre, ne se heurte-t-elle pas nécessairement à ses limites? N'epuisez-vous pas vos sujets?
Bak: Ce sont trop de questions à la fois pour quelqu'un qui parle si peu allemand. (Un léger sourire en signe d'excuse.) D'abord: art signifie autant expression que forme. L'une ne va pas sans l'autre. Parlons d'abord de son expression, ses contenus. L'art n'a une fin que si la vie a elle-même une fin. Tant que la vie continue, l'art continue, continue. Tant que le monde change chaque jour, montre à chaque heure nouvelle un nouveau visage, il me donne assez de matière pour d'autres tableaux, eux aussi toujours nouveaux.
Mais le monde ne tourne-t-il pas toujours en rond, ne varie-t-il pas seulement ses angoisses et sa beauté? Et ainsi celui qui regarde vos tableaux n'y verra-t-il pas que les variations du même sujet?
Je ne crois pas que le monde ne fasse que varier. Vos angoisses n'augment-elles pas et ne montent-elles pas de jour en jour?
Alors vos tableaux augmenteront aussi leur expression. Mais à quel point peut-on augmenter des angoisses dans l'art? Ne vient-il pas un moment où le tableau ne résiste plus à la pression? Et le peintre jusqu'où peut-il aller sans s'y briser?
C'est ce que l'on sait seulement à la fin.
Avez-vous peur de la mort?
Mais bien sûr – j'aime la vie!
Bien qu'elle se soit montrée à vous plutôt de ses côtés cruels?

Justement pour cela. Mais ne parlons pas toujours uniquement du monde qui nous entoure. N'oubliez pas le peintre Bak et les hommes pour lesquels il crée ses oeuvres. Je suis un être ayant une évolution, un destin et une volonté bien à lui. J'essaie toujours de pénétrer davantage en moi-même, espérant atteindre un jour mon centre. Et même si cela ne réussit qu'en partie, seule ma volonté en ce sens augmentera l'effet produit par mes tableaux sur celui qui les regarde car je pourrai toujours me concentrer encore et encore sur l'essentiel.

Vous cherchez la perfection absolue dans vos tableaux?

Qui ne le fait pas? C'est le problème de l'homme par excellence. C'est pour cela qu'il vit. Je m'y emploie à chaque instant de ma vie, et sais que je n'y arriverai pas même si je peignais toute une vie à un seul tableau.

Parlons de la forme. La perfection technique que vous avez déjà atteinte n'est-elle pas en fait déjà un obstacle à tout évolution ultérieure?

La qualité n'a pas de limites. On peut encore et toujours peindre mieux.

Il me semble que la finesse de votre façon de peindre à la manière des anciens maîtres soit à peine surpassable. On compare la précision de votre peinture à celle des maîtres néerlandais ou des peintres italiens de la Renaissance.

Vous voyez, il ne s'agit donc que de l'effet. La technique n'est là que pour donner aux sujets des tableaux un maximum d'efficacité. En changeant de sujets, il faudra peut-être modifier la technique.

Vos modèles? Vos peintres préférés?

Tout ce qui est bon – 2000 ans d'art, toute une encyclopédie remplie de noms importants et célèbres. De Giotto à Mondrian et Klee en passant par Rembrandt et Picasso.

De la peinture comme la vôtre a toujours quelque chose de maniéré.

Aujourd'hui, on trouve les formes les plus diverses du maniérisme – sous forme expressionniste, abstraite, il y a aussi des conceptions maniéristes. Bien des peintres se sont emprisonnés dans les limites étroites de leur style après la cristallisation de leur forme d'expression individuelle et ceci peut également se nommer maniérisme. Je pense à Modigliani, Braque, Giacometti, Jackson Pollock – mais c'est seulement lorsqu'il est arrivé à une très haute qualité que nous arrêtons tout simplement de le nommer maniérisme.

Verrons-nous des tableaux délivrés un jour des terribles souvenirs, qui seront moins associatifs et dont les métaphores et les symboles rappelleront moins le passé?

C'est moins le passé que la situation actuelle de l'homme qui m'intéresse. Hélas, celle-ci est féroce. Revenons à votre question. Bien sûr, quand les humains auront arrêtè à penser sur un registre féroce et horrible, mes tableaux s'en délivreront également. Si cela est possible et quand, là, je n'ai pas de réponse.

Entre voyez-vous un espoir?

Peut-être! Il y a toujours de l'espoir.

*Le voyage*

Première étape: Korntal. Une des nombreuses petites banlieues de Stuttgart, souabe et cossue, insignifiante, de peu d'intérêt, discrète. Ses habitants: travailleurs, économes, honnêtes. Mais au milieu de toute cette médiocrité, l'atelier de Hans-Peter Haas, peut-être le sérigraphe vivant le plus éminent. De grands peintres modernes célèbres ont travaillé chez lui, Max Ernst, Chagall, Lindner, Boterso, Rauschenberg, Christo Marini.

On ne croirait pas que le petit homme frêle, en pantalon de velours côtelé usé puisse jouir de toute leur estime. Bak et Haas travaillent jusque tard dans la nuit et toute la journée du lendemain à deux sérigraphies. L'art s'explique de nouveau par le savoir. L'artisanat s'élève dans des sphères créatrices. Après plus de trente épreuves, enfin le résultat désiré, de grande valeur et sans restriction: Une transposition parfaite des intuitions picturales en graphisme.

Le lendemain soir, une invitation chez le vieillard qu'est Ernst Bloch, le patriarche des philosophes marxistes. Je me souviens encore à temps que les idées de Herzl n'avaient jamais trouvé grâce auprès de Bloch, ses principes marxistes s'y opposaient. Mais les attaques passionnées remontaient à bien longtemps. Le temps lui avait donné tort. Le peuple juif avait créé un état fort et fier. Mais j'avais oublié le philosophe qui – avec intolérance – persévère dans son point de vue parce qu'il voit le monument de sa pensée menacé.

Bak est préparé, répond prudemment pour ne pas obstruer dès le début la marge nécessaire aux entretiens. Et pourtant, le refus têtu de reconnaître les réalités, de les accepter, surprend. Israël – le Nouvel Etat des Juifs, les relations historiques de sa fondation, sa signification actuelle, sa nécessité politique – presque rien n'est reconnu. Juif, il refuse toujours à son peuple le droit à un Etat. Ici, les réactions de Bak sont bient nettes elles respirent l'indulgence de l'invité. La stimulation intellectuelle aspérée n'a pas lieu, l'entretien oscille entre politesse, curiosité prudente et aveux lapidaires, confus, irritants. Intérêt pour le travail de Bak mais aussi enthousiasme pour Richard Wagner, amour pour Karl May et joie procurée par les récits hassidiques. Un monde trop embrouillé pour que Bak puisse s'y sentir à l'aise. Autres aspects de la multiplicité des paysages allemands humains. Bloch aussi est partie intégrante de l'Allemagne.

Du Souabe talentueux, travailleur Haas au Juif assimilé – intellectuel et marxiste – qu'est Bloch, l'arc ne se tend que difficilement en un seul jour.

Tard dans la nuit, sur le chemin de la maison – en voiture – le mélange de philosophie rationnelle et de mysticisme hassidique nous rend pensifs, nous oppresse.

Ce soir, Bak doit définitivement avoir compris qu'il ne peut se faire une idée de l'Allemagne en une seule semaine. Les contrastes sont trop grands, les contradictions diamétralement opposées.

Un auguste vieillard dont la cathédrale des pensées ne se dirige qu'en vacillant et avec incertitude vers le ciel. La déception est évidente. La logique des concepts semble ébranlée. Toute une vie humaine dans l'attente vaine d'une confirmation pratique et de preuves. Il n'est resté que le repli sur le vide pur. *Principe espoir,* monument gigantesque de la pensée dans la mâturité de la vie; comme adieu, Bloch en offre à son hôte un exemplaire en livre de poche et le lui dédicace. Geste conciliateur à la fin d'une soirée problématique.

Notre prochaine visite est pour Francfort. C'était autrefois le centre indiscutable de la vie spirituelle et commerciale juive en Allemagne. Le Dr. Bussmann, le plus engagé des directeurs allemands de musée d'avant-garde, envisage une première exposition Bak en Allemagne en automne 1977 au »Städtischer Kunstverein« de Francfort. La »Kunsthalle« de Dusseldorf et le »Germanisches Museum« de Nuremberg veulent s'y associer.

Bak visite avec beaucoup d'intérêt une exposition de »Body-art« qui vient de s'ouvrir. Il accepte l'art conceptionnel comme une des formes les plus importantes et actuelles préoccupant la nouvelle génération de peintres.

Bien que son style en paraisse très éloigne pour celui qui regarde superficiellement ses tableaux, Bak croit que leurs formes d'expression sont très proches de sa propre peinture. Bien des formes et idées conceptionnelles sont sensibles dans la complexité de la peinture de Bak, elles sont seulement exprimées en un style rendant plus acceptable les sujets cruels et horribles en les maquillant à l'aide de formes connues depuis toujours.

L'après-midi est réservé à une rencontre que j'ai inclue dans le programme sans en avoir informé Bak. Madame B., une femme d'affaires sympathique, dans les 40 ans, disposant du charme de la femme mûre, a passé – comme Bak – les années d'asprès-guerre dans le centre d'accueil de Landsberg, euphémisme pour camp d'internement pour persécutés et déportés des ghettos et camps de concentration. Après bien des détours, elle avait réussi à se procurer mon adresse. Bak, c'est pour elle un lien avec le passé ce qui croit l'autoriser à participer à sa célèbrité. Au mur, une petite huile avec une dédicace personnelle. On se retrouve avec beaucoup d'émotion. Les bons et les mauvais souvenirs sont réveillés, les lacunes comblées, on repêche des noms du passé. Deux êtres humains absolument différents de par leur caractère et leur genre de vie mais pourtant fortement liés par la souffrance commune.

Et puis quelque chose d'inattendu: elle a enregistré le portrait télévisé sur vidéo et espère nous surprendre. La représentation sera comme une répétition générale avant la projection prévue devant des invités, éditeurs, directeurs de musée et amis comme par exemple l'écrivain vivant à Munich, Ephraim Kishon. Je devrais être mécontent mais ne le suis pas, je sais bien à quel point elle a dû préparer cet instant; quel bonheur signifie la réussite de sa surprise. La spontanéité de l'instant doit remplacer l'accord lent et circonspect que j'avais prévu. Dans la pièce, lumière du jour, la qualité de l'image et du son laisse à désirer et n'est pas comparable à celle de la copie originale.

Je n'essaie même pas de donner les explications nécessaires. Je suis seulement nerveux, je cherche avec anxiété des réactions sur son visage. Comment va-t-il accueillir la transposition de ses oeuvres, de sa per-

sonne? Son visage reste fermé mais je sens combien tout travaille en lui, s'examine avec critique ainsi que mon travail, cherche encore et encore des forces nouvelles pour composer avec ce qu'il voit.
Quand à la fin, il reste muet, seuls ses yeux rougis montrent – je le sais – que j'ai son accord.

Allemagne – Je ne suis toujours par certain si sa face a été assez distincte à travers les quelques instantanés, si son nouvel esprit si souvent conjuré s'est montré à Bak partout et sans équivoque. Allemagne – je crois fermement que ce n'est pas encore une fois qu'illusion; il faut repousser les doutes quant à son renouvellement honnête.
Au terme de notre voyage fatigant et plutôt problématique, Nuremberg. Nous avons accepté une invitation de la Société Dürer qui a décidé – déjà très tôt – d'exposer l'oeuvre de Bak. Le peintre et graveur Mathias Prechtl, sur l'initiative duquel ont eu lieu bien des expositions importantes ayant remporté une attention internationale, comme *»L'hommage à Dürer«* lors de l'année Dürer, nous guide à travers la ville médiévale du Grand peintre et dessinateur allemand. Je me souviens du *»Traveller«*, le triptyque monumental peint par Bak au début des années 70 et devant lequel je me suis trouvé, il y a quelques semaines, au Musée Juif de New York; mon »sentiment allemand« est touché jusqu'au fond du coeur. Mais même si cette interprétation et transposition de la »Melancholia« illustre de façon impressionnante le débat de Bak avec l'oeuvre de Dürer, c'est seulement dans ses dessins et ses études au crayon qu'on voit à quel point il est artistiquement et manuellement proche du grand peintre de la Renaissance. L'exactitude et la clarté du trait la précision et l'exécution totale du sujet à l'aide des maigres moyens du dessin, la plénitude des fins détails qui se joignent comme par hasard dans l'épaisseur de l'énoncé, le maniement vigoureux et pourtant délicat du crayon, l'écoulement toujours contrôlé de la plume, la douceur du pastel ne devenant jamais indistinct ou flou, la perfection atteinte et la légèreté, tout ceci reppelle le dessinateur et graveur génial du XVéme siècle.
Nous nous approchons du »Germanisches Museum« mais le bruit de la circulation et les gaz d'échappement ne permettent pas de se recueillir et supplantent encore toute représentation de la sublimité et de la grandeur qui nous attendent. Comme si j'étais coupable, trahissais, cherchais une issue de secours du présent, je me retourne encore une fois. Notre siècle avec ses acquisitions plutôt douteuses ne s'est pas arrêté devant les nobles murs de cette vieille ville d'Empire et comment l'aurait-il fait! L'époque où la ville s'enorgueillissait d'être la plus méridionale métropole de l'art allemand comptant parmi ses fils Veit Stoss et Dürer semble presque oubliée par ses habitants et constitue pour les visiteurs et les touristes une attraction plutôt discutable. Le temps reste à la porte quand nous entrons enfin mais le calme qui nous accueille est plutôt un calme méfiant.
L'agitation a pris son visage. Les angles de sa bouche tressaillent, ses paupières battent, tout en lui rahit la tension. L'attente est grande mais peut-être encore plus grande la peur qu'elle ne se réalise. Tout ce qui

s'est amassé pendant des décennies, en réserve, scepticisme et ressentiment cherche ici sa libération. Dans la ville et le musée le plus allemand qui soit et devant ces tableaux si parfaitement allemands. Ses mains cherchent vainement à cacher nervosité et tension. Moi non plus, je ne reste pas insensible, je sens le moment particulier, le caractère exceptionnel de l'occasion propice à conclure enfin la paix trop longtemps repoussée. Il cherche mon regard mais je ne veux pas lui porter secours, je veux qu'il trouve lui-même la force de décider. Et il y parvient en un instant – quand il se trouve devant eux, Dürer, Altdorfer et Baldung Grien. D'abord incrédule, puis rempli d'étonnement et puis tout simplement bouleversé. Ce que j'espérais s'est confirmé, son amour pour la musique et la peinture allemandes sont des liens qui n'ont jamais cessé d'exister et qui n'ont pas été touchés par l'histoire de ce siècle. La rencontre avec les chefs-d'oeuvre de l'art allemand du XVème siècle est devenue l'événement décisif de sa première visite en Allemagne. En silence, nous parcourons l'histoire de l'art mais nos âmes sont profondément touchées au-delà des frontières, du temps, de la culture et de la foi.

*Le jour du départ*

»J'ai longtemps douté d'avoir la force. Je suis maintenant tout-à-fait sûr que je ne trouverais pas le repos si maintenant et aujourd'hui je ne m'y décidais pas. Je t'en prie, ne me laisse pas seul!«

Il était 7 heures du matin lorsque nous avons pénétré ensemble dans l'ancien camp de concentration de Dachau, le peintre Samuel Bak et l'éditeur de ce livre.

*Annexe*

Cher Rolf,

il est encore trop tôt pour que je puisse mettre de l'ordre dans toutes les réflexions qui m'émeuvent encore fortement après cette visite en Allemagne. Je ne puis – non plus – juger les événements intenses que j'ai vécus d'une manière juste et correcte.

Trop de nouveau, trop d'événements inattendus et au milieu de tout cela, ma première rencontre avec le film que tu as produit. L'insolite de me voir confronté avec moi-même, me rencontrer en dehors de mon moi incontrôlé, plus qu'en spectateur inactif – tout ceci était angoissant et tranquillisant à la fois; j'avais toujours l'impression d'être dans de bonnes mains, près de toi. La sensibilité avec laquelle tu as tout si bien compris, ta faculté de savoir te mettre à la place de quelqu'un et grâce à laquelle tu as saisi toutes mes intuitions, la façon dont tu t'es placé devant les questions difficiles avec responsabilité et prudence, tout ceci m'a rendu heureux.

Le chaleur de votre hospitalité, le souci avec lequel – toi et Gudrun – vous m'avez toujours entouré et accompagné où que nous soyons allés me fut d'un secours inestimable. Tout m'a paru plus facile et agréable que je ne me l'étais imaginé. Comment puis-je trouver les mots pour vous remercier de tout ceci.

J'ai beaucoup réfléchi et me suis demandé si une visite en Allemagne aurait été possible sans Dachau.
J'ai eu peur de me retrouver face au passé et beaucoup d'amis me l'ont déconseillé parce que le bouleversement ne pouvait qu'être trop grand et que j'aurais besoin de bien longtemps pour me remettre d'un tel événement.
Aujourd'hui je suis reconnaissant d'en avoir eu le courage. Aujourd'hui, je crois plus que jamais qu'on ne peut pas fuir devant le souvenir. Ce n'est que si nous apprenons les leçons que nous donne le passé que nous pourrons faire la paix avec le présent.
Ajourd'hui, je sais que cette visite en Allemagne n'a été qu'un début. Mes projets en Europe et en Allemagne nous donneront l'occasion de nous revoir souvent et d'approfondir encore plus notre amitié.
J'attends déjà avec impatience les semaines d'été que nous avons l'intention de passer ensemble, dans ta maison du Midi de la France. Nous aurons alors beaucoup de temps pour nous souvenir de ces jours et de faire des projets pour l'avenir.
Mais ce qui m'a le plus ému fut ton intérêt personnel, si grand, pendant notre douloureuse marche commune vers Dachau, je crois qu'il faut beaucoup de courage pour se mettre face à des sentiments si oppressants. Toutes les heures merveilleuses, encore si fraîches dans ma mémoire, pâlissent devant l'intensité de ce seul événement. Et encore dans la nuit de ce même jour, renversé dans le siège d'un Boeing qui me menait à New York en passant par Paris, j'ai beaucoup réfléchi à nous deux. Je nous voyais marcher à travers l'espace silencieux, prisonniers des monuments du passé dont il semble impossible de se libérer. Je pouvais entendre le bruit de nos pas se répétant comme un écho dans l'air clair du matin. Nous ne disions rien. Qui pourrait d'ailleurs avoir le courage de troubler le silence partout sensible et lourd de signification! Le langage muet des baraques, les reproches silencieux des photographies et des documents, la propreté des crématoires entre les arbres innocents, verdoyant et fleurissant. Tout cela semblait infiniment loin et pourtant si près.
Un monde étrange et incompréhensible comme une autre planète, avec une réalité que notre esprit refuse de reconnaître pour la nôtre et pour laquelle il ne peut trouver de mots. Douleur, souffrance, colère et honte étaient devenues inexprimables. Comme souvent dans l'art, le principal et ce qui est vraiment important ne peut pas s'expliquer par des mots, il semble qu'il en soit de même pour l'amitié. Ce que nous sentons avec tant de puissance et de force, ce qui nous rend muets se transmet par ce que l'on nomme l'âme.
Dans ces quelques heures de silence, nous nous sommes dit plus que des mots pourraient jamais exprimer. Et je crois que ce jour est devenu un lien important et solide dans notre amitié. Je pense que ce que nous avons en commun est devenu si grand que nous pouvons continuer notre dialogue slencieux même si un océan entier nous sépare.

Avec toute mon amitié
Samy

*Verzeichnis der Farbtafeln*

35 Lektion · Lesson · Leçon. 1968. Öl. 100 × 100 cm.
36 Ein Leben der Erfahrung · A life of experience · Une vie d'expérience. 1971. Öl. 64 × 80 cm.
37 Stilleben · Still life · Nature morte. 1972. Öl. 41 × 41 cm.
38 Orakel · Oracle · Oracle. 1970. Öl. 81 × 65 cm.
39 Schwierige Fragen · Difficult questions · Questions difficiles. 1971. Öl. 64 × 80 cm.
40 Offene Stadt · Open city · Cité ouverte. 1972. Öl. 73 × 100 cm.
41 Geheime Ausgrabung · Secret excavation · Fouille secrète. 1973. Öl. 24 × 33 cm.
42 Das Erwachen · The awakening · Le réveil. 1970. Öl. 81 × 65 cm.
43 Endspiel · Endgame · Fin de jeu. 1970. Öl. 130 × 130 cm.
44 Das Rennen · The race · La course. 1970. Öl. 100 × 81 cm.
45 Turas Schachzug · Tura's move · Le coup de Tura. 1970. Öl. 46 × 38 cm.
46 Im Park · In the park · Dans le parc. 1967. Öl. 41 × 33 cm.
47 Der ewige Wanderer (Verpflanzung) · The wanderer (trans-plant) · L'homme errant (transplantation) 1968/69. Öl. 100 × 81 cm.
48 Rote Magie · Red magic · Magie rouge. 1969. Öl. 40 × 51 cm.
49 Der Beobachter · The observer · L'observateur. 1971. Öl. 81 × 65 cm.
50 Die Ruhe der Musen · The repose of the muses · Le répos des muses. 1969. Öl. 61 × 46 cm.
51 Galathea · Galatea · Galatée. 1970. Öl. 97 × 116 cm.
52 Landschaft · Landscaping · Paysage. 1972. Öl. 100 × 81 cm.
53 Blauer Morgen (vor der Stadt) · Blue morning (into the city) · Matin bleu (aux approches de la ville) 1973. Öl. 81 × 64 cm.
54 Die Losung · The password · Le mot de passe. 1974/75. Öl. 102 × 76 cm.
55 Nachkomme II · Descendant II · Descendant II. 1971. Öl. 45 × 37 cm.
56 Nachkomme I · Descendant I · Descendant I. 1971. Öl. 45 × 37 cm.
57 Zwei Krieger · Two warriors · Deux guerriers. 1972. Öl. 41 × 41 cm.
58 Begegnung · Encounter · Rencontre · 1973. Öl. 81 × 64 cm.
59 Ausschnitt aus „The traveller“ · Detail from "The traveller" · Detail de «The traveller».
60 The traveller. 1972. Öl. 3-teilig. 100 × 81 cm. 100 × 100 cm. 100 × 81 cm.
61 Gruppe mit einem gefangenen Engel · Group with a captive angel · Groupe avec un ange captif. 1973/74. Öl. 130 × 97 cm.
62 Gruppenporträt mit blauem Engel · Group portrait with a blue angel · Portrait de groupe avec ange bleu. 1973. Öl. 130 × 97 cm.
63 Die Beobachter · The observers · Les observateurs. 1973. Öl. 130 × 97 cm.
64 Personalien · Personal data · Signalement. 1972. Öl. 81 × 65 cm.
65 Die Familie · The family · La famille. 1974. Öl. 160 × 200 cm.

*Verzeichnis der Schwarzweißtafeln*

40 Die Erfindung des Friedens · The invention of peace · L'invention de la paix. 1969. Öl. 97 × 130 cm.
41 Das Labyrinth · The labyrinth · Le labyrinthe. 1970. Öl. 97 × 116 cm.
42 Projekt einer flüchtigen Figur · Project for a passing figure · Projet pour un passant. 1972. Öl. 41 × 24 cm.
43 Von Generation zu Generation · From generation to generation · De génération en génération. 1968. Öl. 51 × 42 cm.
44 Porträt mit dem eigenen Ich · Portrait with own inner self · Portrait avec soi-même. 1967. Öl. 61 × 50 cm.
45 Die Beobachter · The observers · Les observateurs. 1970. Öl. 38 × 46 cm.
46 Kriegsspiele · Games of war · Jeux de guerre. 1973. Kreide, Aquarell und Gouache. 65 × 50 cm.
47 Drei Frauen · Three women · Trois femmes. 1973. Kreide und Kohle. 65 × 50 cm.
48 Porträt · Portrait · Portrait. 1973. Kreide und Kohle. 65 × 50 cm.
49 Gruppenporträt · Group portrait · Portrait de groupe. 1973. Kreide. 65 × 50 cm.
50 Krieger · Warrior · Guerrier. 1968. Öl. 35 × 27 cm.
51 Unbekannter Mann · Unknown man · Inconnu. 1969. Öl. 22 × 19 cm.
52 Träumender Engel · Dreaming Angel · Ange qui rêve. 1972–74. Öl. 92 × 73 cm.
53 Flying man II · Flying man II · Flying man II. 1972. Öl. 41 × 26 cm.
54 Flying man I · Flying man I · Flying man I. 1972. Öl. 41 × 26 cm.
55 Gruppe von Soldaten · Group of soldiers · Groupe de soldats. 1973. Kreide. 65 × 50 cm.
56 Flugübung · Flying exercise · Exercice de vol. 1972. Bleistift und Aquarell. 65 × 50 cm.
57 Die Nachricht · The message · Le message. 1972. Bleistift auf farbigem Papier. 65 × 50 cm.
58 Flugausrüstung · Flight-kit · Equipement de vol. 1973. Kohle. 65 × 50 cm.

1 In der Wüste In the desert Dans le désert

2 Yizkor (Startplatz) Yizkor (point of departure) Yizkor (point de départ)

3 Später Nachmittag  Late afternoon  Fin d'après-midi

# 4 Stadtplanung Town planning Projet urbain

5 Mögliche Arrangements Possible arrangements Arrangements possibles

6 Stilleben Still life Nature morte

BAK

7 Stilleben mit Dreieck Still life with triangle Nature morte avec triangle

BAK

8 Vater und Sohn Father and son Père et fils

BAK 73

9 Dädalus und Sohn Daedalus and son Dédale et fils

BAK

10 Experimente mit der Weisheit
Experiments in wisdom
Experiences avec la sagesse

11 Am Rand des Paradieses Outskirts of paradise Au bord du paradis

12 Stilleben Still life Nature morte

13 Das Ritual The ritual Le rituel

14 Stilleben mit Zielscheibe Still life with target Nature morte avec un but

15 Blaue Fahne Blue flag Drapeau bleu

16 Stilleben mit Figuren Still life with figures Nature morte avec figures

17 Parabel Parable Parabole

18 Orakelstunde Oracle time L'heure de l'oracle

19 Rekonstruktion Reconstruction Reconstruction

20 Kleine Quelle Small source Petite source

21 Teil der universalen Landschaft Part of the universal landscape Fragment du paysage universel

22 Auferstehungsthema Resurrection theme Thème de la résurrection

23 Legende I Legend I Legende I

24 Denkmal mit Figuren Monument with figures Monument avec figures

25 Pyramide Pyramid Pyramide

26 Insel Island Ile

27 Kindheitserinnerungen Childhood memories Souvenirs d'enfance

28 Opfer Sacrifice Sacrifice

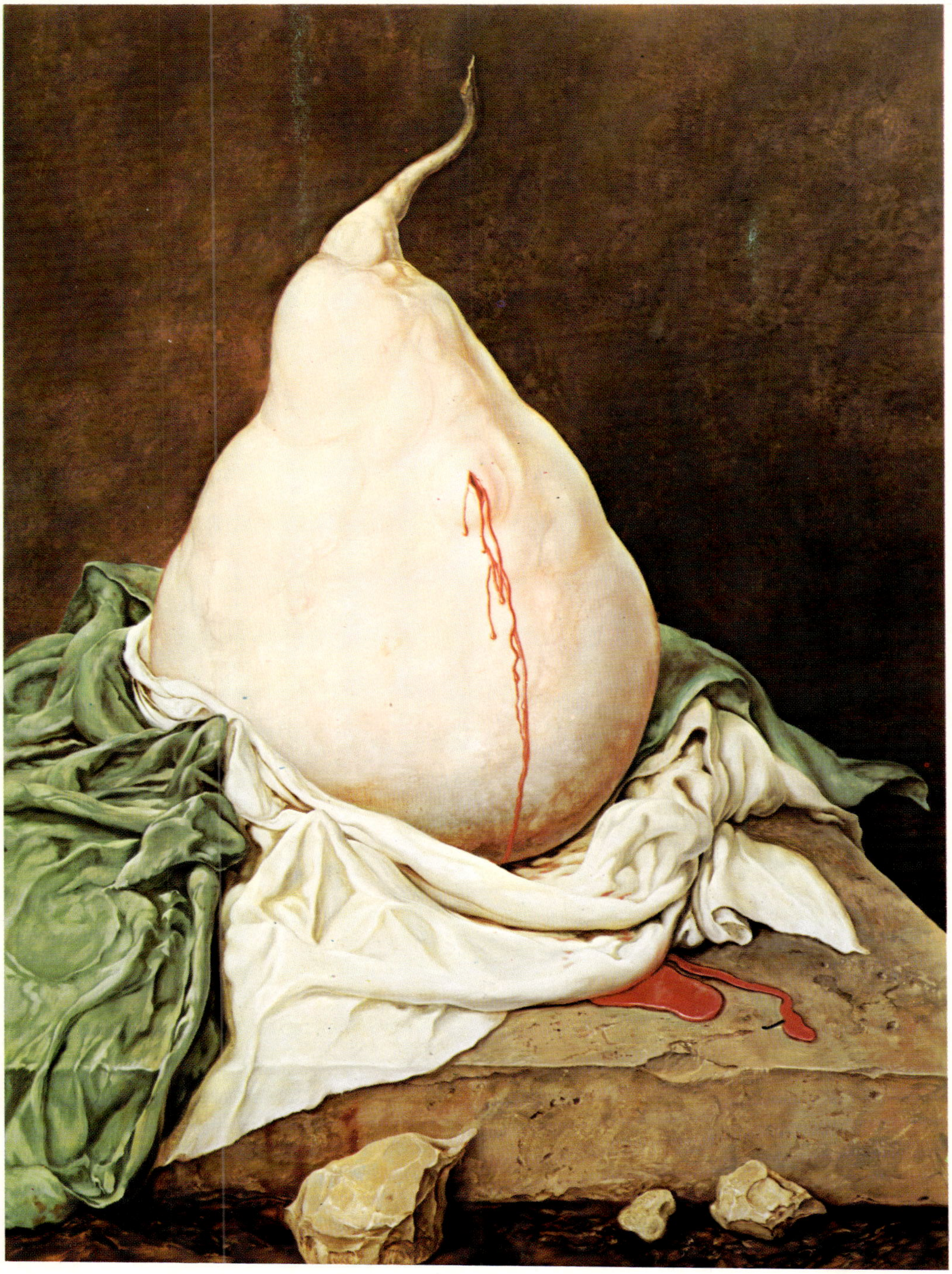

29 Ritual Ritual Rituel

30 Hinterhof eines Irrgartens Backyard of a labyrinth Arrière-cour d'un labyrinthe

31 Stilleben Still life Nature morte

32 An der Küste On the shore Sur la rive

33 Bleibendes Stilleben Permanent still life Nature morte permanente

34 Zeit und Raum Time and space Espace et temps

BAK

35 Lektion Lesson Leçon

36 Ein Leben der Erfahrung A live of experience Une vie d’expérience

37 Stilleben Still life Nature morte

BAK

38 Orakel Oracle Oracle

39 Schwierige Fragen Difficult questions Questions difficiles

40 Offene Stadt Open city Cité ouverte

41 Geheime Ausgrabung Secret excavation Fouille secrète

BAK

42 Das Erwachen The awakening Le réveil

43 Endspiel Endgame Jeu final

44 Das Rennen The race La course

45 Turas Schachzug Tura's move Le coup de Tura

BAK.

46 Im Park In the park Dans le parc

47 Der ewige Wanderer (Verpflanzung) The wanderer (trans-plant) L'homme errant (transplantation)

48 Rote Magie Red magic Magie rouge

BAK

49 Der Beobachter The observer L'observateur

BAK

50 Die Ruhe der Musen The repose of the muses Le repos des muses

51 Galathea Galatea Galatée

BAK בק
70 71

52 Landschaft Landscaping Paysage

53 Blauer Morgen (vor der Stadt) Blue morning (into the city) Matin bleu (aux approches de la ville)

54 Die Losung The password Le mot de passe

55 Nachkomme I Descendant I Descendant I

BAK

57 Zwei Krieger Two warriors Deux guerriers

BAK

58 Begegnung Encounter Rencontre

59 Ausschnitt aus „The traveller“ Detail from “The traveller” Detail de «The traveller»

60 The traveller

61 Gruppe mit einem gefangenen Engel Group with a captive angel Groupe avec un ange captif

62 Gruppenporträt mit blauem Engel Group portrait with a blue angel Portrait de groupe avec ange bleu

63 Die Beobachter The observers Les observateurs

2
3

64 Personalien Personal data Signalement

65 Die Familie
The family
La famille

1 Kleines Denkmal Small monument Petit monument

2 Baum der Erfahrung Tree of experience L’arbre de l’expérience

3 Kunst der Nacht Art of night Art de la nuit

4 In Erinnerung an R. K. To the memory of R. K. En mémoire de R. K.

5 Kleines Abenteuer Minor adventure Aventure sans importance

6 Gruppe Group Groupe

7 Aus der Erinnerung Out of memory Hors du souvenir

8 Stilleben Still life Nature morte

9 Zerschmelzendes Melting pot Point de fusion

10 Lebloser Zaun Still fence Clôture morte

11 Der Garten der Missetaten The garden of misdeeds Le jardin des méfaits

12 Im Freien (Stilleben-Spiel) In the open (Still-life-game) A ciel ouvert (jeu de nature morte)

13 Zweite Identifikation   Second identification   Seconde identification

15 Erste Identifikation First identification Première identification

14 Persönliche Insel One-man island Ile personnelle

16 Lokalkolorit Local colour Couleur locale

17 Huldigung an René Homage to René Hommage à René

18 Heim Home Foyer

19 Yizkor Yizkor Yizkor

20 Freunde der Nacht Friends of the night Les amis de la nuit

21 So ist das Leben Such is life C'est la vie

22 Fuge Fugue Fugue

23 Silhouette Silhouette Silhouette

24 Die ganze Wahrheit
The whole truth
Toute la vérité

25 Versteckspiel Hiding Cache-cache

26 Flug Flight Vol

27 Startplatz Starting point Point de départ

28 Der Schatten The shadow L'ombre

29 Alter Rauch Ancient smoke Fumée ancienne

30 Alte Industrie Ancient industry Industrie ancienne

31 Zweiter Horizont Second horizon Deuxième horizon

32 Mittelspiel einer Revolution
Middle game of a revolution
Mi-temps d'une révolution

34 Erwartung Expectation L'attente

33 Untergangsobjekt Shipwreck item Objet de naufrage

35 Die Peripherie des Spiels The outskirts of the game Autour du jeu

36 Kleine Landschaft Small landscape Petit paysage

37 Auferstehung Resurrection Résurrection

38 Zielscheiben Targets Buts ▶

40 Die Erfindung des Friedens The invention of peace L'invention de la paix

39 Früher Mythos Early myth Mythe ancien

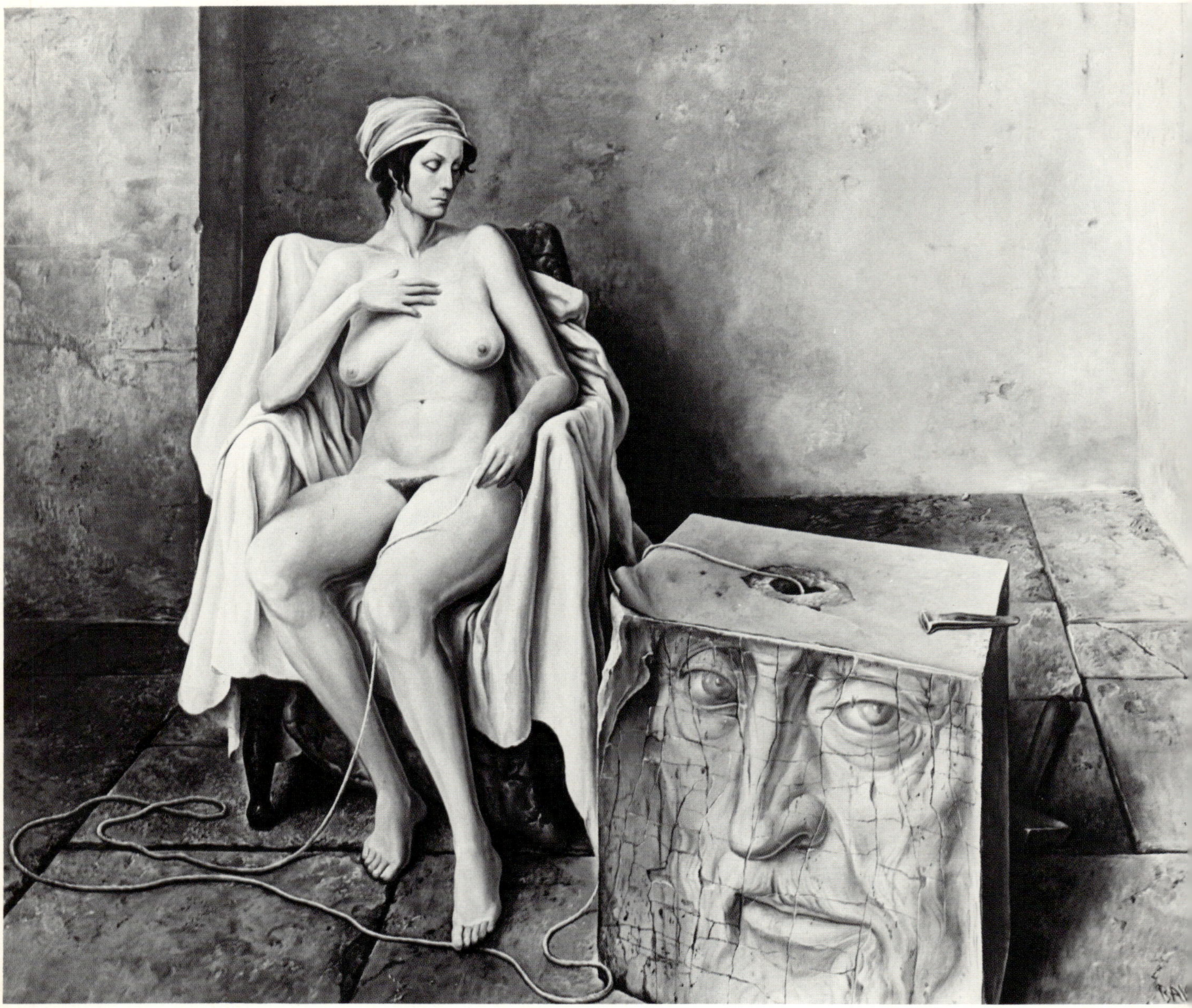

41 Das Labyrinth The labyrinth Le labyrinthe

42 Projekt einer flüchtigen Figur
Project for a passing figure
Projet pour un passant

43 Von Generation zu Generation From generation to generation De génération en génération

44 Porträt mit dem eigenen Ich
Portrait with own inner self
Portrait avec soi-même

45 Die Beobachter The observers Les observateurs

46 Kriegsspiele Games of war Jeux de guerre

47 Drei Frauen Three women Trois femmes

48 Porträt Portrait Portrait

49 Gruppenporträt Group portrait Portrait de groupe

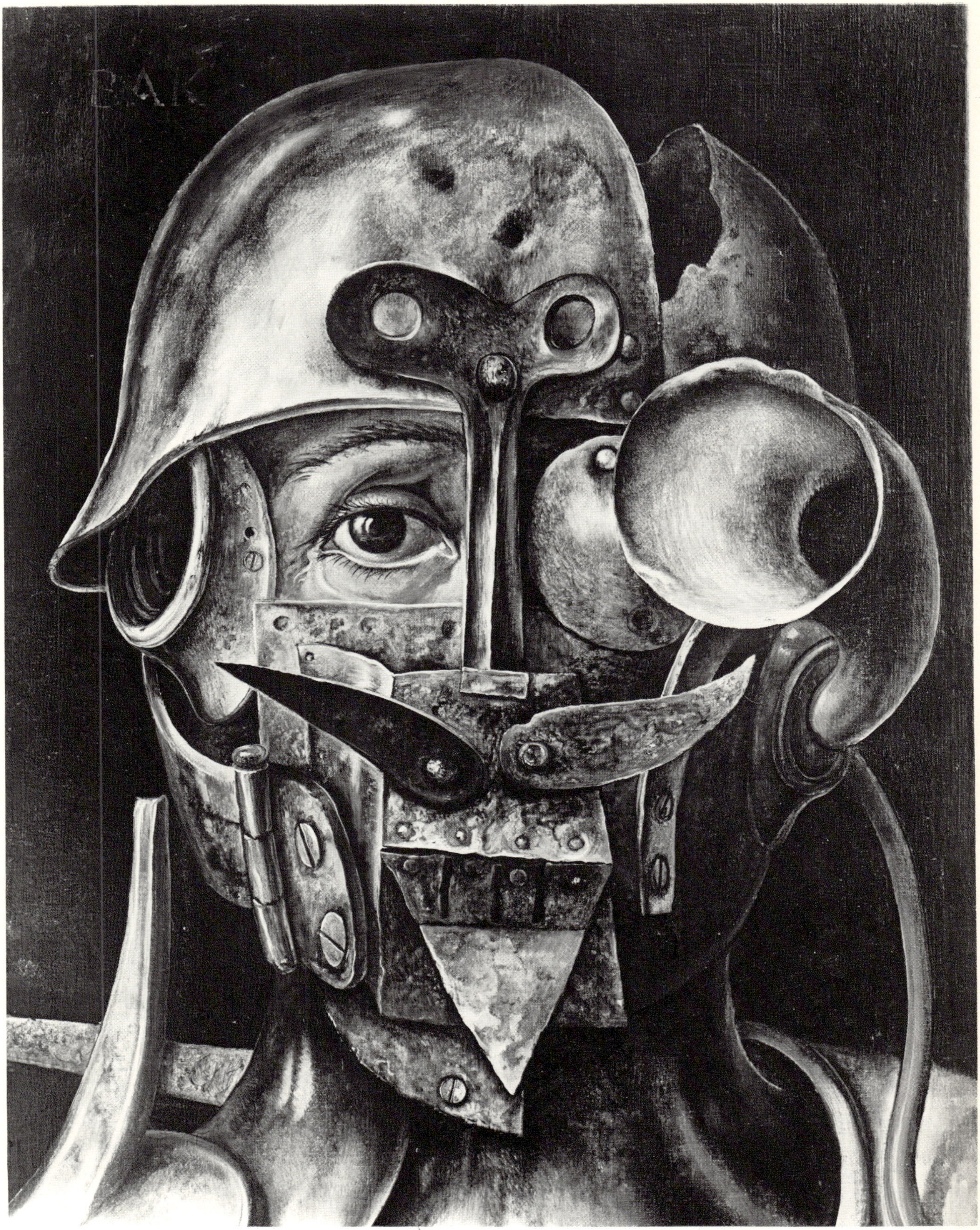


50 Krieger Warrior Guerrier

51 Unbekannter Mann Unknown man Inconnu

52 Träumender Engel Dreaming angel Ange rêvant

53 Flying man I
Flying man I
Flying man I

54 Flying man II
Flying man II
Flying man II

55 Gruppe von Soldaten Group of soldiers Groupe de soldats

56 Flugübung Flying exercise Exercice de vol

57 Die Nachricht The message Le message

58 Flugausrüstung Flight-kit Equipement de vol